TEXTES LITTERAIRES

Collection dirigée par Keith Cameron

LXVI

AGAMEMNON

LA
TRAGEDIE
D'AGAMEMNON,

AVEC DEVS LIVRES DE CHANTS

de Philofophie & d'Amour, par

Charles Toutain.

❧

A TRESREVEREND ET ILLV-
ftre Prélat Monfeigneur Gabriel le Veneur,
Euefque d'Eureus.

A PARIS,

Chés Martin le Ieune, à l'enfeigne S.Chriftophle, deuant le college de Cambrai, rue S. Ian de Latran.

1 5 5 7·

AVEC PRIVILEGE.

Charles TOUTAIN

LA TRAGEDIE D'AGAMEMNON

Edition critique

par

Trevor Peach

University of Exeter

1988

A Georges et Raymond Esnault,
Souligné-sous-Ballon

La préparation de cette première édition critique de *La Tragedie d'Agamemnon* de Charles Toutain a été beaucoup facilitée par deux subventions, l'une de la British Academy, l'autre du Pantyfedwen Fund de Saint David's University College, Lampeter (Université du Pays de Galles), qui m'ont permis de travailler en France pendant six mois. Qu'ils en soient remerciés tous les deux. Un remerciement tout spécial va à ma femme, Glynis, et à mes enfants, qui ont si bien supporté ce bouleversement domestique. Les dédicataires ne sauront jamais combien ils m'ont aidé.

Lampeter, mars 1987

First published 1988 by
The University of Exeter
©T. Peach 1988

ISSN 0309 - 6998
ISBN 0 85989 244 1

February 1988

Printed in Great Britain by A. Wheaton & Co. Ltd., Exeter

INTRODUCTION (1)

NOTICE BIOGRAPHIQUE La biographie d'un auteur du XVIe siècle, même des plus connus, pose toujours des problèmes. Assez souvent la documentation fait presque complètement défaut, et l'historien doit alors chercher à y suppléer en glanant des renseignements, un peu à tort et à travers, dans les œuvres de l'auteur — données très souvent ténues, et qui peuvent mener à la fabrication d'une 'vie' apparemment circonstanciée mais en fait fantaisiste, procédé des plus tentants, mais des plus dangereux. La rigueur est de mise ici comme ailleurs dans les recherches historiques.

Et c'est pourquoi cette notice biographique sur Charles Toutain va laisser le lecteur sur sa faim. Nous savions à l'avance qu'elle présenterait des difficultés — la bibliographie de Toutain est des plus minces (2) —, mais nous espérions que des recherches poussées dans les archives nous accorderaient la résolution de certaines de ces difficultés, si non de toutes. Espoirs déçus! La compulsion d'un grand nombre de fonds d'archives, tant imprimés que manuscrits, n'a produit presque rien. L'existence de Charles Toutain a si peu laissé de traces que sans ses œuvres imprimées elle serait passée inaperçue. Dénombrons les faits qui nous sont connus.

Grand ami de Jean Vauquelin de La Fresnaye, originaire comme lui de la région de Falaise en Normandie (l'Orne actuelle), Charles Toutain, ou Toustain, naquit, on peut le supposer, vers la même date que son compatriote bien mieux connu, c'est-à-dire vers 1536 (3). Par son nom de famille, d'origine nordique paraît-il ('Thor-stein'), et assez commun en Normandie, on le dirait allié des Toustain de

---

(1) Notre manuscrit était déjà prêt à envoyer à l'éditeur des *Textes littéraires* quand nous avons pris connaissance de l'édition de l'*Agamemnon*, par les soins de Michel Dassonville, dans la nouvelle collection *Théâtre français de la Renaissance, La Tragédie à l'époque d'Henri II et de Charles IX*, Première série, vol. 1 (1550–1561), Florence/Paris, Olschki/PUF, 1986, aux pp. 175–235; nous n'en tenons aucun compte dans notre étude et édition, sauf pour la n.21, plus bas p. VIII. Nous ne croyons nullement que notre édition, dont la présentation est très différente, puisse faire double emploi avec celle de M. Dassonville.

(2) Par exemple, Cioranesco ne cite à ce propos que l'article très vieux, et inutile, de C. Le Vavasseur, 'De quelques petits poètes normands, contemporains de Malherbe', *Annuaire de Normandie*, 1869, pp. 488–509 (sur Vauquelin surtout).

(3) Voir notre article 'Autour des *Amours de Francine*: quelques notes d'histoire littéraire', *BHR*, XLIV (1982), pp. 81–95, à la p. 85. La *Nouvelle biographie normande*, t.II, p. 526, le dit né en 1510, mais sans preuve (communication du directeur des services d'Archives du Calvados). Tout porte à croire qu'il est assez jeune à l'époque de sa traduction.

Frontebosc et des Toustain-Richebourg, familles sur lesquelles nous documentent amplement les archives généalogiques conservées à la Bibliothèque nationale de Paris (4); il s'y trouve même comme un catalogue des familles Toustain où figure celle de notre auteur, Toustain la Mazurie ou le Mazurier (5). Mais c'est la plus brève des mentions, et les liens de parenté entre ces diverses branches des Toustain ne sont pas indiqués. Vers 1540, un terrier de la vicomté de Falaise cite un Nicolas Toustain et un Claude Toustain son frère (6), tandis qu'une liste des roturiers de 1610 cite un Jehan Toustain de Falaise (7) — il est tout à fait vraisemblable qu'il s'agit là de parents proches mais les preuves n'existent pas.

Il faut sauter une vingtaine d'années pour savoir quelque chose de précis sur la vie de Charles Toutain, et encore là s'agit-il de faits divers suggérés par la dédicace de son *Agamemnon*, et par des allusions contenues dans les poésies — les *Deux livres de chants de philosophie et d'amour* — qui y font suite.

L'ensemble de ce recueil, dont nous parlerons plus bas, comme chacun des *Deux livres de chants*, est dédié à Gabriel Le Veneur, évêque d'Evreux, né vers 1516, évêque, en principe du moins, depuis 1531, mais qui en réalité ne commença à jouir de toute l'autorité épiscopale qu'en 1549 (8). Appartenant à une grande famille, les le Veneur de Tillières, établie à la propriété, plus tard le somptueux château, de Carrouges (Orne), l'évêque d'Evreux a peut-être servi de protecteur au jeune Toutain.

Ce même personnage est aussi à la place d'honneur dans le cinquième 'chant de philosophie' qui énumère les 'si braves esprits' auxquels le poète se sent redevable. Nous avons suggéré ailleurs, dans un contexte différent, que cette pièce (dont nous donnons le texte en appendice) doit dater de mars-avril 1556 (9). Cette datation

---

(4) En voici les détails: BN, Département des Manuscrits, Série généalogique: Pièces originales 2871–2873 (ms. fr. 29, 355–29, 357); Dossiers bleus 644 (ms. fr. 30, 189); Cabinet d'Hozier 323 (ms. fr. 31, 204) et 344 (ms. fr. 31, 225); Chérin 198 (ms. fr. 31, 760).

(5) Pièces originales 2873, dossier 63717, f° 69 v°.

(6) BN, ms, fr. 8766, ff. 12 v°, 14r°–v° (transcription du XVIII° siècle).

(7) 'Rotures de Caen et autres', BN, ms. fr. 11887, rotures de Falaise à partir du f° 294, au f° 300 r°. D'autres documents d'archives, dont la teneur nous a été communiquée par le Directeur du service des Archives de l'Orne, donnent quelques renseignements sur les Toustain de Falaise au XVI° siècle (série 1E, 707, 712, 916, 2166, 2575), mais rien sur notre auteur.

(8) Sur Gabriel Le Veneur (vers 1516–1574), évêque d'Evreux, chancelier de l'ordre royal de S. Michel et abbé commendataire de S. Taurin, de Lyre, de S. Evrault et de Jumièges, voir A. Chassant et G.-E. Sauvage, *Histoire des Evêques d'Evreux*, Evreux, Tavernier, 1846, pp. 139–141, et *Gallia Christiana*, XI, col. 610–611.

(9) Dans notre article cité ci-dessus à la n. 3, où nous parlons de la datation et de la composition du 'cénacle poitevin'.

acceptée comme prémisse, ce cinquième chant nous fait savoir que Toutain quitta son pays natal vers mai-juin 1554 (vv. 163–165) pour Paris (probablement pour la seconde fois, vu ce qu'il nous dit à propos de Ramus et de Paschal — voir plus bas). Sa version de l'*Agamemnon* était alors déjà commencée, car là il fait la rencontre de Jean Dorat, qui a 'veu la lime premiere/De *sa* chanson tragique' (vv. 172–173). Là aussi, semble-t-il, il se lie d'amitié avec Baïf (vv. 76–81), et retrouve Vauquelin (vv. 82–84), qui était à Paris depuis plus d'une année déjà, ayant assisté à la représentation célèbre de la *Cléopâtre Captive* en février 1553(10). Ensuite, et ici nous nous appuyons sur un texte-témoin de Vauquelin que nous avons allégué ailleurs(11), aussi bien que sur ce qu'écrit Toutain lui-même, notre auteur en compagnie de Vauquelin et de Raphaël Grimoult, un autre compatriote, quitte Paris pendant l'été 1554 pour se rendre d'abord à Angers où séjournait Jacques Tahureau, auteur d'un volume tout fraîchement publié de poésies (vv. 85–99)(12), et ensuite à Poitiers, où ils arrivent sans doute vers le début de l'année universitaire (à la Saint-Denis, le 9 octobre).

A Poitiers, les amis découvrirent une activité poétique florissante, déclenchée en toute probabilité presque une année auparavant par Jean de La Péruse, maintenant mort(13), et puis par Tahureau, déjà parti, et Baïf, qui était sur le point de quitter la ville (il y reste jusqu'en novembre(14)). Bientôt Toutain et Vauquelin prennent la relève, aidés sans doute en cela par la présence maintenant de Scévole de Sainte-Marthe (vv. 100-101) comme par celle, continue, de divers littérateurs pictaviens — Roger Maisonnier, C. de Chante-Cler, Jean Morin, Marin Prevost de la Barrouère, Jacques Poly, Vigneau (vv. 100–136)(15). C'est ici que Baïf écrit la plupart de ses

(10) Voir Vauquelin de la Fresnaye, *Art poétique* II, vv. 1035–1036, éd. Pellissier, Paris, Garnier, 1885, p. 119.

(11) Il s'agit d'un texte des *Satyres françoises*, Livre I, *A Son Livre*, in *Diverses Poésies*, éd. Travers, Genève, Slatkine, 1968, t. I, p. 188, vers donnés dans notre article cité.

(12) C'est-à-dire ses *Premieres Poësies* et ses *Sonnetz, Odes, et mignardises* ... Poitiers, de Marnef et Bouchet frères, 1554 (publiés en mai); voir notre édition, *Poésies complètes*, Genève, Droz, 1984 (TLF, 320).

(13) Voir N. Banachévitch, *Jean Bastier de La Péruse (1529-1554) Etude biographique et littéraire*, Paris, PUF, 1923, pp. 60–61.

(14) Voir M. Augé-Chiquet, *Jean-Antoine de Baïf, sa vie, son œuvre et ses idées*, Toulouse, Privat, 1909, p. 71 et notre article déjà cité.

(15) M. Jean Brunel, déjà savant éditeur des œuvres de Nicolas Rapin, achève en ce moment une thèse de doctorat (Université de Paris Sorbonne, Paris IV) sur ce même auteur, dont le ch. V du vol. I contient beaucoup de renseignements biographiques sur bon nombre de ces personnages. Tout en nous en tenant ici à quelques très brèves notes, nous remercions M. Brunel de nous avoir permis la lecture de ce chapitre très riche en documentation, où nous avons pu glaner beaucoup plus. — Ch. de Chantecler, voué à une longue vie, grand ami de Sainte-Marthe, figure fréquemment dans les écrits 'poitevins', y compris dans le 'tombeau' de La Péruse (voir *La Médée* éd. James Coleman, Exeter, 1984, p. 68); Jacques Poly n'est autrement connu que

VIII

Amours de Francine(16), Vauquelin ses *Foresteries*(17), ... et que Toutain achève son *Agamemnon* et probablement ses *Deux livres de chants*.

Etudiant en droit romain (le 'severe labeur de nos Pandectes', écrit-il dans la dédicace de son ouvrage(18)), Toutain est venu à Poitiers pour écouter Chauvin et puis Duarin, s'étant déjà assouvi, paraît-il, de l'éloquence de Ramus et de Pierre Paschal (vv. 34–39). Il a sans doute aussi assisté aux retentissants cours du jeune jurisconsulte angoumois, François de Némond, dont l'une des deux *Oraisons* de 1555, plaidant la cause du français dans l'enseignement et l'interprétation du droit romain, contient une pièce en vers blancs de notre auteur(19).

Mais Toutain écrit ce chant juste avant de se rendre à Paris pour faire publier ses œuvres (vv. 154–155) — son éditeur, Martin Le Jeune(20), libraire et imprimeur en l'Université de Paris, reçoit un privilège de quatre ans le 28 août 1556, Toutain étant resté à Poitiers, faut-il le supposer, jusqu'à la fin juin. *La Tragedie d'Agamemnon avec deux livres de chants de philosophie et d'amour* voit le jour en 1557(21). La

par le sonnet qu'il publie en post-liminaire à l'*Agamemnon* (voir ci-après, Appendice I, pièce 6); Vigneau est parfaitement inconnu, mais il semble qu'il ait projeté, ou composé une tragédie (*Ino*?) (voir vv. 133–136, et Lebègue, *La Tragédie française de la Renaissance*, Bruxelles, 1954, p. 101, colonne 'composition'); Roger Maisonnier est d'origine poitevine, un des rares personnages à appartenir au 'cénacle' de La Péruse/Tahureau/Baïf et à celui de Vauquelin/Toutain *et al.*, et qui éditera, avec Bouchet et Sainte-Marthe, les œuvres de La Péruse au cours de 1556 (voir notre article déjà cité; J. .A. Coleman, 'L'édition originale de la *Médée* de Jean de La Péruse', *BHR*, XLVI (1984), pp. 429–432; du même, son édition citée plus haut, p. 78, n. 6; et Jean Brunel, 'Contribution à l'histoire d'un genre: La Satire de Roger Maisonnier (1557)', *Mélanges ... à la mémoire de V.-L. Saulnier*, Genève, Droz, 1984, pp. 99–122); Jean Morin est cité par Vauquelin aussi, et participe à la tentative de François de Némond dont nous parlons plus bas, et la n. 19; enfin Marin Prevost de la Barrouère, plus tard avocat rochelois, mort avant 1578, est aussi l'auteur d'un sonnet figurant à la fin de la première *Oraison* du même Némond.

(16) 'La plupart', parce que Baïf avait bien commencé ce cycle d'*amours* avant même de quitter Paris — voir notre article déjà cité.

(17) *Les Deux premiers livres des Foresteries* ..., Poitiers, de Marnef et Bouchet frères, 1555.

(18) Ci-après, Appendice I, pièce 2, p. 58.

(19) Sur Némond et sa tentative, voir notre étude et édition, 'Le Droit romain en français au XVIe siècle: deux *Oraisons* de François de Némond (1555)', *Revue historique de droit français et étranger*, LX (1982), pp. 5–43. La pièce de Toutain n'y est pas citée; il figure au f°E ij V° de l'*Oraison I*.

(20) Martin Le Jeune exerça 'à l'enseigne S. Christophle, devant le college de Cambrai, rue S. Jan de Latran', entre 1548 et 1584 — voir P. Renouard, *Répertoire des imprimeurs parisiens* ..., Paris, Minard, 1965, pp. 216–262.

(21) Nous n'avons pu consulter l'édition de l'Arsenal (Collection Rondel, Rf. 1513) qui porte la date de 1556 et qui est signalée par M. Dassonville dans son édition du texte

majeure partie du volume est consacrée aux 'chants', cinq de philosophie (ff. 29r°–55v°) et quatorze d'amour (ff. 56r°–79v°), la tragédie n'en occupant alors que le tiers (ff. 1r°–27r°). Les 'chants' sont d'un intérêt certain d'une part pour l'histoire de la 'poésie scientifique', de l'autre pour l'histoire d'une poésie amoureuse revenue des excès du pétrarquisme, et en plus témoignent d'une 'invention' métrique non négligeable, et nous espérons en publier le texte ailleurs.

Le recueil fut-il réussi? Impossible de trancher la question, mais il ne le fut probablement pas. Il ne subsiste qu'un seul état du volume sorti de chez Le Jeune(22), et le fait qu'aucun éloge de Toutain ne parut chez les poètes contemporains (sauf dans le volume lui-même) indique, vu les habitudes de l'époque, un singulier manque de succès(23).

Il semble plus que probable qu'avant de quitter Poitiers Toutain projetait la composition d'une tragédie sur Guillaume le Conquérant, son illustre compatriote d'il y a cinq siècles, laquelle, si elle eût jamais été composée (qui sait si le fut?) et publiée eût été une des rares pièces de théâtre de la Renaissance qui s'occupât de l'histoire, et presque la seule qui s'occupât de l'histoire de France(24). Elle fut commencée, Toutain nous le dit dans un sonnet paraissant dans le 'tombeau' de

---

(p. 179). Cette édition, apparemment identique à tous les égards à celle de 1557, fut sans doute un des premiers exemplaires à sortir des presses.

(22) Nous avons eu sous les yeux trois exemplaires de cet ouvrage: celui de la British Library (cote: 164.f.3), celui de la Réserve des Imprimés de la Bibliothèque nationale (cote: Rés. p. Yf. 523 (2)), et celui qui est conservé au Département des Manuscrits de la même bibliothèque (cote: Rothschild. V. 8.13.) — ils ne se différencient à aucun égard, chacun contenant les mêmes 'fautes survenues à l'impression' et les mêmes 'fautes' corrigées dans le texte.

(23) Voir quelques observations à ce sujet plus loin, p. XIII.

(24) En effet, d'après les listes dressées par R. Lebègue, *op. cit.*, pp. 99–109, et par E. Forsyth, *La Tragédie française de Jodelle à Corneille (1553–1640), Le Thème de la vengeance*, Paris, Nizet, 1962, pp. 425–472, il n'y aurait, au XVIe siècle, que quatre pièces publiées ayant pour sujet explicite un épisode de l'histoire de France, et encore trois d'entre elles concernent l'histoire contemporaine (les nos XIII, LI et LVII de Forsyth); seul Fronton Du Duc, avec *L'Histoire tragique de la Pucelle*, Nancy, Janson, 1581 (no XXXVIII chez Forsyth), prend un sujet historique proprement dit. Trois autres pièces de cette espèce ont été projetées ou composées mais jamais publiées, et sont maintenant perdues: voir Lebègue, p. 103 (De Gerland: *Montgoumery*), p. 104 (G. Du Tronchay: *Clotaire*), et p. 105 (M. Bourrée de La Porte: tragédie, latine celle-ci, sur la mort de François de Guise). Il faut donc ajouter, à la p. 101 de Lebègue, colonne composition, à la date de 1556–1557, la mention: 'Charles Toutain: *Guillaume le Conquérant*(?)'.

La Péruse en 1556(25), et Vauquelin le savait en train de l'écrire(26). Mais rien ne nous en est parvenu. Rien non plus de ces élégies 'sus l'imitable façon de la Grèque et Latine' dont il parle ailleurs(27).

Après 1556 nous perdons toute trace de Charles Toutain pour encore une vingtaine d'années. Ou peut-être pas, parce que Jean-François Maillard, dans un très bel article sur 'Postel et ses disciples normands', vient de nous dépeindre chez Toutain 'un esprit de la famille de Postel, aux curiosités encyclopédiques et bouillonnant de projets', lui attribuant, après François Secret, un petit ouvrage imprimé (une 'encyclopédie en réduction') de 1567, *Hac itur ad occlusa sapientiae recondita et ad regnum*(28). Ce texte nous montre son auteur (identifié par une anagramme imparfaite 'Hortus coeli sanat') cherchant à 'fonder sur un modèle de lyre ou de luth inusité un nouveau système musical adapté au vers mesuré'. L'identification proposée a permis à François Secret d'associer le nom de Toutain à la première tentative — infructueuse — de créer à la même date une Académie de musique(29). Même si on n'accepte pas cette identification, il est certain que Toutain fréquentait le cercle de Postel — le premier chant de philosophie expose des théories tout à fait postelliennes de l'âme et d'autres thèmes chers à son compatriote(30), et il était surtout bien connu de Guy Lefèvre de la Boderie, le 'porte-parole' de Postel. Nous retrouverons ces mêmes intérêts encyclopédiques un peu plus loin à leur place chronologique.

Entretemps il est plus que probable qu'il est devenu lieutenant-général de la vicomté de Falaise, titre que lui attribue La Croix du Maine en 1584(31). Le lieutenant-général de vicomté, particulier à la Normandie, avait à peu près le même rôle que le lieutenant-général de sénéchaussée ailleurs en France, c'est-à-dire qu'il

---

(25) Ed. Coleman déjà citée, p. 67: Toutain écrit qu'il va 'tirer de l'oubli du vainqueur des Anglais/Le tragique dépit sus sa femme homicide,/Des larmes de laquelle est encore humide/Le Mans, son monastere, et la Pleureuse-Croix' (vv. 5–8).

(26) Voir à l'Appendice I la pièce de Vauquelin, vv. 22–28.

(27) Ci-après, dédicace, p. 58.

(28) Art. paru dans *Guillaume Postel 1581–1981, Actes du Colloque international d'Avranches ... 1981*, Paris, Editions de La Maisnie, 1985, pp. 79–94, à la p. 91 (les références antérieures – p. 85 – à Toutain comme auteur d'une *Davidiade* sont tout à fait erronées). Cf. F. Secret, 'De quelques courants prophétiques et religieux sous le règne de Henri III', *Revue de l'histoire des religions*, CLXXII (1967), pp. 1–32, aux pp. 13–15. Le texte imprimé se trouve dans un recueil manuscrit appartenant à l'école postelliennne, BN, ms. fr. 882.

(29) F. Secret, *loc. cit.*, et 'La première académie française de musique ...', *BHR*, XL (1978), pp. 119–120.

(30) Voir L. Febvre, *Le Problème de l'incroyance au XVIᵉ siècle, La Religion de Rabelais*, Paris, Albin Michel, 1968, p. 178.

(31) In *Les Bibliothèques françoises ...*, éd. Rigoley de Juvigny, Paris, Taillant et Nyon, 1772–1773, t. I, p. 118.

rendait la justice au nom du vicomte. Du moins l'ouvrage publié par Toutain en 1577 a tout l'air de morceau de circonstance, de production d'officier royal. Il est d'une lecture des plus fastidieuses, n'ayant nulle prétention par ailleurs au statut littéraire. Il s'agit de l'ouvrage intitulé *Le Mortgage de Normandie soubs le deguisement des ventes pactionnées du reemerey, contracts conventionels, ventes par engagement . . .*, Paris, L. Brayer — ouvrage bizarre à plus d'un point de vue, d'abord parce qu'il comporte, reliés dans un seul volume dans l'exemplaire de la Bibliothèque nationale(32), un livre premier et un livre troisième, mais aucun livre deuxième. En fait, la conclusion du premier livre (f° 24 v°) ne laisse supposer une suite que d'un seul volume, et il est probable que la mention 'livre troisième' est une simple, mais grosse, erreur. Ensuite, le premier livre est écrit en français, le 'troisième' en latin, bien qu'ils portent tous les deux le même titre français. L'ouvrage, dédié à Henri III et écrit, paraît-il, à l'occasion des Etats de Blois (décembre 1576), est très indigeste, même pour un spécialiste de l'histoire du droit de propriété.

Le volume que Toutain publie en 1581, chez Martin Le Jeune de nouveau, est d'une lecture plus intéressante, malgré son titre plutôt rébarbatif: *Les Martiales du Roy au chasteau d'Alaiz . . . Vers de toutes les harmonies des langues Grammatiques et vulgaires*(33). Dédié et adressé encore cette fois à Henri III, ce petit volume, dédicacé 'De la Mazurie petite case boscaine cest Avril septiesme de vostre regne tres fauste' (c'est-à-dire 1581), renferme deux chants en vers alexandrins 'mesurés', ayant pour sujet l'exercice militaire tenu au château d'Alès le 15 décembre 1579, et qui a fourni une occasion à Toutain d'être admis à la présence de son roi et de l'entretenir 'sur des thèmes prophétiques et religieux fidèlement inspirés de Postel. Toutes ses recherches juridiques, linguistico-musicales ou même astronomiques s'inscrivent dans l'attente d'une concorde universelle sous l'hégémonie de la France et de son monarque'(34). Henri III, très impressionné, paraît-il, demande à Toutain d'écrire l'ouvrage, plutôt énigmatique, portant le titre *Lunae luces et labores* qui abonde largement dans le même sens postellien(35).

Selon La Croix du Maine, Toutain vivait encore en 1584, date de la publication de cet opuscule(36), mais il ne publie rien d'autre, et nous le perdons de vue. Selon E. Frère, il mourut vers 1590(37).

---

(32) Cote: F. 13643 et F. 13644.

(33) Cote à la BN: Rés. Ye. 1133.

(34) J.-F. Maillard, *loc. cit.* (voir note 26).

(35) Cf. *ibid.*, pp. 91–92; cet ouvrage (Paris, G. Tyrel, 1584) se trouve à la Mazarine, Rés. 15915, avec une traduction manuscrite.

(36) *Loc. cit.* (voir note 29).

(37) E. Frère, *Manuel du bibliographe normand*, Rouen, Le Brument, 1858–1860, t. II, p. 570; même date dans les *Mémoires de l'Académie de Caen*, 1957, p. 57 (communication du directeur du service des Archives du Calvados), et dans la *Nouvelle biographie normande, loc. cit.*.

LA TRAGEDIE D'AGAMEMNON Nous laissons à d'autres plus experts que nous en la matière l'histoire du théâtre de Sénèque au XVIe siècle, bien documentée d'ailleurs, et celle de l'influence de ce théâtre sur la tragédie humaniste, influence, on le sait, importante et même prépondérante(38).

Toutain s'est voulu le premier traducteur d'une tragédie sénéquienne. En effet, *La Médée* de Jean de La Péruse, que Toutain a probablement connue avant sa publication, 'reste beaucoup plus proche de l'imitation que de la traduction', comme l'a si bien montré l'éditeur le plus récent de cette pièce(39), tandis que les deux pièces de Jodelle, inédites d'ailleurs à cette époque, la célèbre *Cléopâtre Captive* et *Didon se sacrifiant*, doivent bien plus à Plutarque et à Virgile qu'à Sénèque. Toutain se savait le premier: se donnant, dit-il

quelque relais au severe labeur de nos Pandectes, pour i passer les alternatives heures et Jovines dediées au relachement et recreation de ceste [sienne] estude principalle,

il a été tenté par le théâtre tragique rendu

depuis n'aguere familier en France, par l'un des esprits plus admirés de ceste age(40),

probablement Jodelle, mais Toutain parle ailleurs élogieusement de La Péruse(41). Le succès de l'un et de l'autre indiqua à Toutain qu'en se mettant à faire son 'Agamemnonienne' son marché était en principe assuré, et qu'en 'marchant des premiers' son exemple aiguillonnerait d'autres 'bons espris' à le suivre(42).

---

(38) Citons ici les ouvrages fondamentaux de: H. B. Charlton, *The Senecan Tradition in Renaissance Tragedy*, Manchester, 1946; R. Lebègue, *op. cit.*, E. Forsyth, *op. cit.*, J. Jacquot (éd.), *Les Tragédies de Sénèque et le théâtre de la Renaissance*, Paris, 1964; D. Stone, *French Humanist Tragedy: A Reassessment*, Manchester, 1974; R. Griffiths, *The Dramatic Technique of Antoine de Montchrestien: Rhetoric and Style in French Renaissance Tragedy*, Oxford U.P., 1970; F. Charpentier, *Pour une lecture de la tragédie humaniste*, Saint-Etienne, 1979.

(39) Ed. J. Coleman, pp. 57–58.

(40) Dédicace, ci-après, p. 58.

(41) Dans le cinquième 'chant de philosophie', vv. 70–72 (voir notre Appendice II); et dans le sonnet du 'tombeau' de La Péruse, *loc. cit.*

(42) Dédicace, ci-après, p. 59.

Sans doute Toutain raisonnait-il un peu comme ce jeune François de Némond cité plus haut: lui, dans le contexte du droit romain, voyait dans la traduction une merveilleuse façon de rendre la chose plus claire et de débarrasser les cours de justice des fameux embouteillages qui leur avaient valu le mépris des contemporains. Ainsi s'expliquent les termes zélés dont tous deux se servent. Mais encore que le projet de Némond s'appuyât sur de bonnes raisons sociales, il échoua (ou presque)(43). A plus forte raison, la traduction de Toutain allait connaître un manque insigne de succès, et ses espoirs allaient être déçus. Le monde de la tragédie humaniste était très fermé, accessible à une petite élite enthousiaste qui comprenait très bien le latin; contrairement au théâtre protestant, dont le but était la propagation de la foi dans un vaste public, le théâtre humaniste n'avait aucun espoir de voir s'accroître un public qui pût apprécier cette espèce d'"exercice de style' de Toutain (il n'en parle jamais comme d'une traduction et ses amis non plus). Sa tentative alors vouée à l'échec retient cependant notre attention pour des raisons que l'on va examiner.

Nous venons de le dire: le cercle très restreint qui goûtait la tragédie à la Sénèque savait très bien son latin. Et les éditions latines ne manquaient pas: avant 1555 on ne compte pas moins de treize éditions différentes des tragédies de Sénèque, à commencer avec l'édition princeps de Ferrare (1484?), et certaines d'entre elles existent en plusieurs réimpressions, surtout celle de Gryphius, dont nous avons quatre impressions avant 1555(44). Il est très probable que Toutain s'est servi d'une de celles-ci, très accessibles et de maniement facile, plutôt que d'une grosse édition telle celle de Badius réunissant les commentaires de celui-ci, de Marmita (datant de 1491) et de Caietanus (datant de 1493)(45). En effet, certains vers du texte latin, par exemple les vv. 122 et 451, très mal compris par Toutain (vv. 177 et 615), se trouvent bien explicités dans l'édition savante. Cela dit, aucune des éditions latines d'époque que nous avons consultées ne correspond exactement, à tous les égards, à la traduction française de Toutain (il faut bien préciser qu'il s'agit des éditions d'époque, le texte reçu aujourd'hui étant souvent très différent du texte du XVIe siècle)(46). Par exemple, au v. 448 du texte latin (v. 614 de Toutain) le traducteur a évidemment lu 'herculeum' plutôt que 'Herceum'; au v. 482 de Sénèque (v. 657 chez Toutain) il a lu 'indas' et non 'undas'. Or la première de ces leçons est retenue parmi les variantes des éditions modernes, Toutain a pu la voir; mais l'autre ne l'est

---

(43) Sur tout ceci voir notre article sur Némond déjà cité; et notre note supplémentaire 'Le Droit romain en français au XVIe siècle: des addenda', *Revue historique de droit français et étranger*, LXIII (1985), pp. 185–186.

(44) En 1536, 1541, 1548 et 1554.

(45) Paris, 1514.

(46) Voir nos notes sur le texte. Disons ici, une fois pour toutes, que notre édition de contrôle du texte latin, notre pierre de touche pour ainsi dire pour toute question textuelle, est celle de R. J. Tarrant, publiée par la Cambridge University Press, 1976; Tarrant remarque (p. 87) que toutes les éditions d'avant 1661 sont fondées sur des sources contaminées, les manuscrits de la classe E étant alors encore inconnus.

pas, ce qui suggère tout simplement une mauvaise lecture de la part du traducteur. Mais ni l'une ni l'autre ne figure dans les éditions d'époque consultées, ce qui n'est pas le cas des autres bizarreries textuelles que nous avons repérées dans sa version. Il s'agit donc très vraisemblablement de mauvaises lectures d'une édition commode, et nous n'avons pas cru nécessaire de chercher sans cesse un texte latin entièrement parallèle à la version française.

Toutain ne se trompait-il pas en se disant, avec une certaine fierté, le premier à rendre Sénèque en français? Ne connaissait-il pas *Les Tragedies treseloquentes du grand Philosophe Seneque diligentement traduites de Latin en Francoys ...*, ouvrage attribué à Pierre Grosnet, Lyon, François Juste, 1539? Cependant, même s'il avait connu ces 'tragédies' il les aurait certainement méprisées car en réalité cet ouvrage ne ressemble en rien à une traduction, étant plutôt, d'après le texte même, un recueil des 'sentences et motz dorez de toutes les Tragedies'(47).

Toutain reste donc, à juste titre, le premier traducteur, mais non le dernier au XVIe siècle. Chose curieuse, quatre ans seulement après la publication de l'*Agamemnon*, en 1561, Louis-François Le Duchat met au jour sa propre traduction de la pièce — rien n'indique qu'il ait connu celle de Toutain(48). Et une trentaine d'années plus tard, Roland Brisset, dans une 'excellente traduction', selon Marie Delcourt, donne sa version de quatre tragédies sénéquiennes, y compris celle de l'*Agamemnon*(49). Enfin, à la même époque (1589), Pierre Matthieu publie une *Clytemnestre* qui doit beaucoup à la pièce sénéquienne, et quelque chose à Toutain(50).

Dans son excellente revue des traductions françaises des tragiques grecs et latins que nous venons de citer, Marie Delcourt dit des choses plutôt désobligeantes sur celle qui nous occupe ici(51). Accusant Toutain d'une trop grande littéralité, elle ajoute:

> On a quelque peine à s'imaginer, en le lisant, qu'il écrit cinq ans après *Deffence et Illustration* [*sic*]: sa langue est moins assouplie que celle de La

---

(47) Les 'tragédies' se trouvent aux ff.A iiij + 2r°–Ev°.

(48) Sur cette traduction, que nous n'avons pu trouver dans aucune des grandes bibliothèques, nous renvoyons à Marie Delcourt, *Etude sur les traductions des tragiques grecs et latins en France depuis la Renaissance*, Bruxelles, Lamertin, 1925, pp. 90–95.

(49) *Le Premier livre de theatre tragique ...*, Tours, Montr'œil et Richer, 1590 (les autres traductions sont celles du *Hercules Furens*, du *Thyestes* et de l'*Octavia* — le volume contient aussi une traduction du *Baptistes* de Buchanan). Voir Delcourt, *op. cit.*, p. 96 et suiv.

(50) Voir la récente édition de G. Ernst, Genève, Droz, 1984, TLF, surtout pp. 58–59.

(51) *Op. cit.*, pp. 85–90.

Péruse, et son procédé de version devait paraître singulièrement démodé aux contemporains de Du Bellay, si sévère pour les translateurs qui martyrisaient la langue sous prétexte de traduire vers par vers.

Condamnation formelle alors; mais il y a pire: Toutain comprendrait mal le texte latin et

fausse le sens dès qu'il devient un peu obscur et ajoute des vers entiers pour combler tant bien que mal les lacunes du raisonnement

et Marie Delcourt de signaler à cet égard la version des vv. 100–107, 162–170, et 579–582 de Sénèque (vv. 145–156, 233–246, 783–788 de Toutain). Ainsi, tout en reconnaissant que tout n'est pas mauvais dans notre version — et elle renvoie, par exemple, à la traduction des vv. 348–355 et 416–434 (vv. 475–482 et 573–596 du texte français) — Marie Delcourt rend un jugement assez défavorable sur la qualité du travail de Charles Toutain.

Or, admettons tout de suite qu'il y a une part de vérité dans certaines des remarques de Marie Delcourt. Littéralité? Oui, Toutain appartient bien à l'école du mot-à-mot, plutôt qu'à celle, favorisée par la plupart des théoriciens de la traduction et préconisée dernièrement par ce François de Némond dont nous avons parlé plus haut, qui s'intéresse au sens plutôt qu'aux mots, à la *sententia* et non au *verbum*(52). Sans doute l'attitude de Toutain n'est-elle pas rare à cet égard, il conçoit sa tâche comme celle d'un transmetteur, d'un médiateur, plutôt que comme celle d'un régénérateur du texte latin(53). Et que cette fidélité, qu'on ne peut tout de même pas lui reprocher, puisse parfois entraîner une certaine obscurité, le lecteur le verra bientôt lui-même — que l'on note toutefois au préalable que le texte latin n'est pas toujours des plus clairs, et que Toutain témoigne d'un certain effort pour l'élucider, par exemple quand il substitue les noms communs aux antonomases de Sénèque.

Et même il lui arrive de faire mieux, si j'ose le dire, que Sénèque: le célèbre récit d'Eurybate (v. 581 et suiv. chez Toutain) est bien venu, surtout le passage entre le calme et l'orage où le suspense est bien maintenu (v. 629 et suiv.), ou encore le vœu d'Agamemnon (vv. 1108–1115), qui garde bien la note de révérence nécessaire. Cela dit, Toutain n'est pas généralement créateur dans sa traduction, par contre

---

(52) Voir notre article déjà cité, 'Le Droit romain en français ... '.

(53) Sur toute cette question, voir Glyn P. Norton, *The Ideology and Language of Translation in Renaissance France and their Humanist Antecedents*, Genève, Droz, 1984 (THR, CCI), qui a bien caractérisé ce 'literalist temper'.

il fait preuve d'une créativité bien prononcée dans la fabrication du véhicule de transmission, c'est-à-dire du vers, dont nous parlerons plus tard.

Est-ce qu'il comprend mal son texte au point d'en fausser le sens? Parfois oui, et là une édition commentée l'aurait sûrement aidé. Nous signalons dans les notes les fautes de sens les plus marquantes, c'est-à-dire là où Toutain s'éloigne tant du texte qu'il avait devant lui, et ce inconsciemment semble-t-il, que l'on ne reconnaît plus la pièce de Sénèque. Ainsi la transposition des épithètes au v. 175, l'inconséquence des vv. 316–318, les paroles mal adressées d'Ægisthe aux vv. 344–350, la traduction pour le moins ambiguë des paroles de Clytemnestre aux vv. 434–436, celle, plutôt ignorante, du v. 615 ... Mais sur 1415 vers de traduction, la moisson de telles bizarreries reste assez maigre, et la critique de Marie Delcourt semble exagérée.

Quant à ajouter 'des vers entiers', nous n'avons guère trouvé d'exemples de ce procéde, sauf dans la mesure où Toutain se voit obligé de rendre le texte concis du latin en une langue beaucoup moins précise (mais voir les vv. 330, 395–396). Par contre, on peut remarquer à plusieurs reprises la totale omission de certains vers ou membres de vers, qui peut-être posaient des difficultés de compréhension insurmontables — nous pensons ici à des membres de vers tels celui du v. 26 de Sénèque, 'a fratre vincar', ou, un peu plus loin, celui du v. 31, 'sed cepi nefas', qui continuent à poser des problèmes d'interprétation(54) —, ou qui exigeaient trop de l'invention de notre auteur (p.ex., vv. 217–218, 672, 688, 940).

* * * * *

Ayant ainsi résumé les défauts et les qualités de la traduction en tant que véhicule du sens de l'*Agamemnon*, passons à une considération de ce qui est surtout la propriété artistique de Toutain, l'esthétique du vers, pour laquelle il témoigne un intérêt tout particulier, ici et ailleurs.

L'*Agamemnon* de Sénèque a 1039 vers car le total de 1012 vers numérotés dans les éditions modernes ne tient pas compte de 28 numéros répétés, moins un vers résultant d'un télescopage(55). Or la traduction de Toutain offre 1415 vers français, c'est-à-dire, on le voit, qu'en moyenne chaque vers latin est rendu par 1,36

---

(54) Bien discutés dans l'édition Tarrant, p. 172 et p. 174. Peut-être pour les mêmes raisons Toutain omet-il de traduire les paroles finales du v. 72 et les paroles initiales du v. 73, et les vv. 121, 132, 142.

(55) Les numéros répétés sont: 392a–411a, 613a, 627a, 668a, 677a, 685a, 818a, 839a et 864a; et les deux vers 642–643 sont télescopés en un seul.

vers français, moyenne peu surprenante.

Mais l'analyse plus poussée de la répartition des vers entre acteurs (y compris l'Ombre de Thyeste) et chœurs (sans distinction entre chœur argolique ou mycénien, chœur des Troyennes, ou chœur non précisé) révèle un décalage assez notable. Là où Sénèque donne 330 vers à ses chœurs (soit à peu près 31.8% de la pièce) et 709 aux acteurs (soit alors environ 68.2%), chez Toutain les chœurs reçoivent 494 vers, presque 35% de la traduction, et les acteurs 921, un peu plus de 65%. Autrement dit: les chœurs sont traduits en moyenne par 1,5 vers français pour chaque vers latin, et les rôles par 1,3, les chœurs chez Toutain recevant un avantage de 3% par rapport à l'importance que leur accorde Sénèque. Première constatation alors: l'intérêt de Toutain versificateur porte sensiblement plus sur les chœurs que sur les rôles.

Quant aux mètres choisis, Toutain pousse encore plus loin l'emploi régulier de l'alexandrin qui commençait, surtout sous l'influence très récente de La Péruse(56), à s'imposer dans la tragédie, comme cela se passait aussi dans le sonnet, avec l'exemple d'abord de Baïf et bientôt de Ronsard(57). La pièce comporte 885(58) vers alexandrins (à quatre près, débités par les acteurs), soit 62,5% du total et ils adoptent presque partout l'alternance régulière des rimes masculines et des rimes féminines. Même les exceptions ne font pas crier tout de suite à l'inadvertance: les rimes plates masculines aux vv. 225–228, féminines aux vv. 245–248 et 579–582 s'organisent autour de répliques émotionnelles, tandis que les quatre rimes masculines aux vv. 1023–1026 soulignent bien l'angoisse de Cassandre. Le cas des quatre rimes féminines aux vv. 355–358 est moins clair. Parmi les acteurs, seule Cassandre s'exprime autrement que par des alexandrins, et là dans une section de la pièce latine caractérisée par la plus haute variété métrique, que Toutain, pensons-nous, essaie de rendre. Il s'agit de son septain décasyllabique aux vv. 913–919 (vv. 659–663 de Sénèque), de ses rimes plates également décasyllabiques aux vv. 968–991 (vv. 695–709 de Sénèque), et, chose remarquable, de ses neuf vers de 16 syllabes(59) à la suite de 51 alexandrins (ainsi s'explique le nombre impair de vers alexandrins) aux vv. 1063–1071, Toutain imitant ici le passage, unique chez Sénèque, du trimètre à un mètre lyrique dans un seul et unique discours (vv. 759–774).

Sauf pour le septain de Cassandre, tous les vers lyriques de la pièce se trouvent, on s'y attendrait, dans les chœurs. Pareillement, les 'hexadécasyllabes' et les décasyllabes de Cassandre mis à part, les chœurs accaparent tous les autres

---

(56) Voir l'éd. citée de *La Médée*, pp. xix–xx.

(57) Pour la priorité de Baïf, voir notre article déjà cité, 'Autour des *Amours de Francine* ...', pp. 94–95.

(58) Ce nombre impair est expliqué plus bas.

(59) Dont huit (vv. 1064–1071) ont au huitième pied des rimes intérieures qui en font plus exactement seize octosyllabes aux rimes croisées.

vers isométriques de la pièce: les 24 hexasyllabes, les 96 heptasyllabes, les 146 octosyllabes, et enfin dix sur 41 décasyllabes. En effet, trois d'entre les cinq chœurs
paraissent sous une forme isométrique qui traduit les *cantica anapæstica* de Sénèque,
les deux autres (le premier et le cinquième) imitant, pareillement, les structures
polymétriques du maître(60).

* * * * *

Qu'en est-il maintenant de la qualité du vers chez Toutain? Et d'abord, de la
rime. Celle-ci témoigne d'une très grande variété, Toutain s'étant servi, au cours de
ses 1415 vers, de presque trois cents rimes différentes, dont plus de la moitié sont
riches (donnant environ 460 vers, presque le tiers de la pièce). Celles-ci ont tendance
à paraître surtout dans des passages de haute émotion, par exemple à partir du
v. 321 avec l'entrée en scène d'Ægisthe, au deuxième et surtout au troisème chœur
(comptant à eux seuls presque le cinquième des vers riches), aux vv. 1105–1115
(discours d'Agamemnon). La majeure partie de la pièce consiste pourtant en vers
à rimes suffisantes, paraissant à la fin d'environ 750 vers, laissant de reste un peu
plus de deux cents vers construits sur une vingtaine de rimes pauvres (on se lasse
vite des rimes en [o], terminant 28 vers, et de celles en [i], à la fin de 20 vers!).

Il serait plutôt difficile de soutenir ici que Toutain s'est plus penché sur les
chœurs lyriques que sur les rôles. En effet, il y a une correspondance assez exacte
entre le pourcentage de vers attribués aux chœurs d'un côté et celui des vers attribués aux acteurs de l'autre, et la répartition des rimes de différentes qualités.
Tout au plus peut-on remarquer un pourcentage légèrement plus élevé de rimes
riches chez les chœurs que chez les acteurs, comme on le voit:

les *chœurs*, ayant 35% des vers, reçoivent 38% des rimes riches, 34% des
suffisantes, et 32% des pauvres;
les *acteurs* ayant 65% des vers, possèdent 62% des rimes riches, 66% des
suffisantes, et 68% des pauvres.

Mais cette légère supériorité rythmique des chœurs vient surtout des deuxième
et troisième chants lyriques, ailleurs le chœur n'a guère que la moyenne de rimes
riches, et au quatrième acte ses interventions se traduisent par une richesse bien
moindre.

---

(60) Pour tout le détail, et un résumé de ce qui précède, voir notre Appendice III.

Certaines des rimes utilisées par Toutain laissent beaucoup à désirer, parmi lesquelles on trouve une poignée de rimes pour l'œil: la rime 'mer/imer' [mɛr/ime] paraît cinq fois (vv. 313–314, 553–554, 583–584, 739–740 et 815–816), tandis que les rimes des vv. 791–792 ('air/beuller') et des vv. 797 et 799 ('tels/tés') sont bizarres. Retenons aussi un nombre restreint de rimes pour l'oreille (mais de juste!), aux vv. 723–724 ('rils/pris'). 887–888 ('filles/ville'), 1276–1277 ('ifs/ils'), indices peut-être d'un souffle court. Et cette impression est renforcée dans une certaine mesure par le bon nombre de rimes répétées à bref intervalle (une quinzaine) et de rimes de même racine (environ 25). Il est plutôt rare pourtant que Toutain tombe dans cet autre piège du versificateur qui consiste à donner une valeur différente à deux diphthongues à la rime: on remarque seulement, aux vv. 225–226, la rime 'souviendra' (trois syllabes) avec 'reviendra' (quatre syllabes), aux vv. 271–272 et 497–498 la rime 'ienne' d'abord en une syllabe et ensuite en deux (voir de même la rime des vv. 687–688, 'ien').

A l'intérieur du vers pourtant certaines bizarreries se font observer où il faut lire deux syllabes au lieu de la seule que les diphthongues comporteraient normalement. Ainsi 'fuir' au v. 393, 'ruine' au v. 930 et 'ruines' au v. 1029, 'anuitit' au v. 1021 — mais l'exemple le plus frappant c'est certainement le 'suis' de deux syllabes du v. 1239. Le péché inverse ne se trouve que deux fois, au v. 412 ou le 'ie' de 'Thieste' ne compte que pour une syllabe unique, comme au v. 279 le 'ia' de 'diademe' (Toutain signale cette aberration aux 'fautes survenues en l'impression'; au v. 1371 ce même 'ia' donne deux syllabes). Remarquons enfin le dissyllabe 'traison' (vv. 122 et 1305).

Bien que Toutain ait pratiqué des voleurs vocaliques parfois un peu surprenantes, il est très rare qu'il tombe dans des vers faux; le v. 1362, coupé en deux à la réplique, comporte 13 syllabes sans en avoir l'air (le v. 1354 n'échappe à ce même défaut qu'en adoptant une graphie elliptique et phonétique de 'vie'). Et dans les petits mètres on remarque un octosyllabe trop court au v. 799, que nous avons corrigé(61). Mais c'est tout.

La pratique de l'enjambement est très fréquente chez Toutain, sans qu'il soit toujours possible de préciser quel but esthétique il a en vue. Quand l'enjambement s'accompagne de rimes plutôt faibles le vers peut prendre un air assez prosaïque (la pièce s'ouvre sur un discours, celui de l'Ombre de Thyeste, qui appartient bien à cette catégorie, malgré certains exemples bien venus, aux vv. 35–37).

Toutain omet la césure d'une bonne trentaine d'alexandrins, dislocation parfois bien justifiée par la mise en valeur d'un mot que Toutain veut charger de sens: v. 2, 29 (vers obscur quand même), 204, 206, 226 (ces trois derniers dans la bouche

---

(61) Voir plus loin, p. XXV et la n. 65 pour la liste des corrections apportées à notre texte.

de Clytemnestre et exprimant bien la tension de ses émotions), 648 (l'affrontement des vents), 1020, 1023, 1040, 1046, 1235, 1277, 1285 (Cassandre en furie), 1313, 1315, 1351, 1366. Mais ailleurs cette dislocation indique une certaine incurie chez Toutain: le v. 25 est très lourd, comme les vv. 171, 1093, 1297, 1301 ... Cela dit, il se trouve bon nombre de césures très marquées, quand deux acteurs partagent le vers, bien sûr (vv. 221, 573, 1094–1101, 1104–1105, 1305, 1344, 1346, 1353, 1355–1358, 1362, 1389), mais aussi à bien d'autres endroits, pour des raisons certes parfois obscures (vv. 11, 77, 168, 181, 235, etc.), mais souvent la pause ainsi imposée à une forte valeur esthétique ou rhétorique (vv. 15, 65, 69–71, 169, 189, 209, 275–278, 312, 335, 344, 363, 421, 432, 553, 563, 574, 784, et puis dans les scènes finales, d'une grande émotion, vv. 1368, 1372, 1380, 1382, 1390, 1400–1401) — le rôle de Clytemnestre surtout en est enrichi.

Les vers non-alexandrins ne contiennent pas beaucoup de surprises. L'enjambement, on s'y attendait, est tout à fait normal dans les petits vers des chœurs, mais il est plutôt exceptionnel que Toutain 'fasse le pont' entre deux strophes lyriques (trois exemples: aux vv. 132–133, 492–493, et 1205–1206). Les 'hexadécasyllabes' de Cassandre se découpent très régulièrement en 8+8, avec une rime intérieure à la 8ᵉ syllabe, sauf au premier de ces vers (v. 1063), où le rythme 6+10 détonne singulièrement, et de propos délibéré, à la suite des alexandrins en 6+6; et au dernier (v. 1071), qui, tout en gardant la rime intérieure à la 8ᵉ syllabe, a le rythme très déséquilibré 5+11, soulignant bien la joie troyenne. Enfin, et toujours chez Cassandre, son décasyllabe initial, au v. 913, découpé anormalement en 6+4, met bien en valeur l'impatience et la douleur débordante de la prophétesse.

* * * * *

Pour passer enfin au vocabulaire employé par Toutain au cours de sa traduction, il faut s'inscrire largement en faux contre le jugement de Marie Delcourt, qui l'a qualifié de "latinisé"(62). De latinismes, il y en a: il est surtout fatigant de voir ces 'alternative' (vv. 110, 601, 758, 1137) et 'classe' (pour 'flotte': vv. 248, 602, 610, 677, 713, 1045), tel ablatif absolu détonne (vv. 56, 353, 607), et ailleurs on remarque parfois une syntaxe latine fortement marquée au point d'être inintelligible si on n'a pas recours au texte latin (vv. 380–382, 582, 603). Certains exemples de la littéralité relevée par Marie Delcourt citée plus haut proviennent de latinismes (vv. 626, 'douteus regard', 1050, 'vis incertain', 1260, 'stupide'). Mais ce n'est pas beaucoup à une époque où les poètes, répondant à l'appel de du Bellay, essayaient d'"illustrer'

---

(62) *Op. cit.*

la langue poétique française par tous moyens, et où les traducteurs surtout, face au texte classique, se trouvaient souvent obligés de donner une forme française à un terme grec ou latin. D'ailleurs Toutain fait preuve d'une certaine originalité dans sa traduction, étant attiré surtout, semble-t-il, par ces mots composés si chers à l'époque, et on remarque là une nette préférence pour les adjectifs composés à base de verbe + substantif. Ainsi nous relevons: 'chasse-cure' (v. 106; 'curarum ... dormitor' chez Sénèque, v. 75); 'pert-ame' (v. 304; rien de précis chez Sénèque, v. 213); 'donne-jour' (v. 417; rien de précis chez Sénèque v. 296); 'porte-pin' (v. 473; 'pinifer' chez Sénèque, v. 346); 'porte-voilles' (v. 686; 'altas antemnas ferens' chez Sénèque, v. 505); 'tu-monstre' (v. 1151; rien chez Sénèque); 'tu-mari' (v. 1269; rien chez Sénèque, mais ces deux derniers ont pu être suggérés par le titre complet de la pièce de La Péruse, *Médée Tu'enfant*); et 'gruge-corps' (v. 1383; rien de spécifique chez Sénèque, v. 989). D'autres composés comprennent le substantif 'pere-foudre' (v. 532; 'pater ... fulmine pollens' chez Sénèque, vv. 400–401), les adjectifs 'testes-trois' (v. 18; 'trigemina' chez Sénèque, v. 14); 'face-trois' (v. 1178; 'triformis' chez Sénèque, v. 840); et le verbe 'pres-nage' (v. 619; 'lateri adnatat' chez Sénèque, v. 453). Enfin deux adjectifs simples sont à signaler, au v. 306, 'negeal' ('nivea proles Cycnus', v. 215), et au v. 976, 'freralle' ('fraterni', v. 701).

* * * * *

Il vaut la peine de faire observer encore une fois que Toutain ne parle jamais de son *Agamemnon* comme d'une traduction, ses amis non plus. Ils y ont vu une œuvre 'originale', ce qui, en un sens, est très caractéristique de l'époque. Et c'est ainsi que Toutain peut s'enorgueillir d'être 'le premier' à faire passer en français une pièce sénéquienne, entreprise des plus honorables, comme l'art de la traduction elle-même, quoi qu'en ait pu dire du Bellay, qui d'ailleurs avait un compte à régler, comme on sait.

La 'version' de Toutain, bien que nous ne sachions rien sur sa réception, n'est pas tombée sur un terrain infertile. Beaucoup s'en faut: elle a dû être pour quelque chose dans la ferme implantation du modèle sénéquien dans la conscience des tragiques catholiques ultérieurs, parmi lesquels il faut inclure Garnier, qui publiera sa première pièce, *Porcie*, onze années après. Le moins que l'on puisse dire, c'est que Toutain, même si son œuvre ne semble pas avoir connu une belle notoriété, a contribué à créer ce climat de réceptivité envers l'œuvre de Sénèque qui était, à n'en pas douter, préalablement nécessaire pour le rapide développement de la tragédie de type humaniste en langue vulgaire.

Quelqu'inégal que soit le talent de Toutain, il a révélé, avec Jodelle bien sûr (celui-ci devant un public très restreint) et La Péruse, que le français s'accommodait parfaitement bien de la veine tragique, et ce dans le style généralement élevé que celle-ci exige. En plus, les ressources métriques déployées par le Falaisien montrent la richesse de la poésie française face à la latine — 'illustration' concrète, toute faite pour combler les vœux des théoriciens de l'époque.

Terminons cette discussion en citant le mot, si juste et si pertinent, de du Bellay, qui écrit, à propos de sa traduction de Virgile:

> Il me semble, vu la ... différence de la propriété et structure d'une langue à l'autre que le translateur n'a point mal fait son devoir, qui sans corrompre le sens de son auteur, ce qu'il n'a pu rendre d'assez bonne grâce en un endroit, s'efforce de le recompenser en l'autre.

* * * * *

LE MYTHE La querelle mortelle opposant Atrée et Thyeste n'allait pas se terminer avec la terrible vengeance infligée par Atrée sur son frère. Le destin voulait que Thyeste continuât à vivre afin de faire engendrer à sa propre fille un fils, Egisthe, qui abattrait Atrée et ensuite le fils d'Atrée, Agamemnon.

La guerre de Troie est révolue. Agamemnon victorieux, ramenant à sa suite captifs et trésor, est en route pour Argos. Mais il ne sait nullement ce qui s'y est passé pendant son absence à la guerre. Sa femme, Clytemnestre, furieuse contre son mari d'avoir sacrifié leur fille Iphigénie à Aulis pour rendre les vents favorables à l'expédition, pleine de jalousie parce qu'il ramène chez lui Cassandre, d'autant plus hostile envers son mari qu'elle entretient une liaison coupable avec Egisthe, complote d'abattre Agamemnon dès son retour, ce qui lui permettra à la fois de prendre sa revanche et de se mettre à l'abri du courroux de son mari.

* * * * *

LA PIECE Il semble utile de donner ici un résumé de la pièce de Sénèque à ceux à qui elle n'est pas familière, mais un résumé assez circonstancié, pour que ses diverses faiblesses et incohérences ne soient pas imputées au traducteur. Comme le dit si bien R. J. Tarrant (nous traduisons),

> les parties en sont d'un plus grand intérêt que le tout, et ... la cohérence et la tension dramatiques sont relativement minces(63).

I (vv. 1–156; 1–107 chez Sénèque). La pièce débute sur le monologue d'exposition caractéristique du théâtre sénèquien d'un personnage non-humain, l'Ombre de Thyeste, choisi parce qu'il connaît bien la toile de fond de l'action qui va se passer, laquelle aura lieu à Argos ou à Mycènes, sur une place publique (vv. 1–77). Le premier chœur qui suit immédiatement n'a pas d'identité précise et ne fait aucune allusion spécifique à ce que Thyeste vient de dire, par contre il offre un jeu de réflexions situant le cas individuel qui va suivre dans un contexte moral de sens général. Cette ode chorale sur la mutation des choses est typique de la tragédie sénèquienne, mais en même temps remarquable pour sa fusion, sous le concept de la Fortune, de plusieurs raisonnements divers à ce sujet: l'inquiétude accompagne la vie des bien-fortunés, eux qui sont les plus sujets aux renversements de Fortune (vv. 79–108); la puissance et la richesse mènent à l'orgueil, et à la malfaisance, qui sont punis par la chute (vv. 109–120); les choses d'une grandeur extraordinaire risquent la dissolution (vv. 121–126); la prééminence est démolie par un dieu jaloux (vv. 127–144); la Fortune se complaît à faire déchoir ce qu'elle a élevé (vv. 145-147); enfin, une vie de modération est à l'abri de ce danger (vv. 148–156).

II (vv. 157–544; 108-411 chez Sénèque). L'acte II débute sur un monologue de Clytemnestre, dont l'état d'esprit se révèle sous peu par sa réaction aux paroles lénifiantes de la Nourrice (vv. 157–320). On remarque l'absence de liens dramatiques entre, d'une part, le premier discours de Clytemnestre et celui de la Nourrice qui ne semble pas avoir entendu ce que sa maîtresse vient de dire, et, d'autre part, entre ce dialogue et celui qui a ensuite lieu entre la reine et Ægisthe, où Clytemnestre semble avoir tout oublié de son état d'esprit précédent, tout voué au meurtre. Pendant la

---

(63) Les divisions en actes et le numérotage des vers se rapportent à la traduction de Toutain. Les pièces de Sénèque ne sont pas toujours divisées en actes (ainsi dans l'édition Loeb, par exemple). Les divisions des éditions du XVIᵉ siècle diffèrent de celles qui sont généralement adoptées aujourd'hui pour la transition entre les actes III et IV: au XVIᵉ siecle cette transition se fait à l'entrée sur scène d'Agamemnon (v. 782 de Sénèque), ce qui donne un troisième acte de 393 vers latins; de nos jours, l'acte IV, s'il est indiqué, commence plutôt avec l'apparition de Cassandre au v. 659. — L'analyse qui suit doit beaucoup à l'introduction et aux notes de l'édition Tarrant déjà citée.

majeure partie du débat avec Ægisthe (vv. 321–436) elle fait appel à des principes de conduite très élevés, est prête à tout permettre à son mari, et doit résister aux conseils sournois de son amant — avant d'y céder brusquement. Le deuxième chœur entre en scène (vv. 437–544), un chœur de jeunes filles argoliques qui rendent grâces à divers dieux pour la victoire d'Agamemnon. Son atmosphère sereine et joyeuse donne un moment de répit à la fin de deux actes de haute émotion, et fait contraste avec la couleur sombre du premier chœur.

III (vv. 545–1081; 392a–781 chez Sénèque). Le troisième acte, long de 537 vers chez Toutain(64), se décompose en trois sections principales; l'arrivée du messager Euribat et sa relation très détaillée, adressée à Clytemnestre, des affreux événements survenus pendant le retour de Troie (vv. 545–796); un chœur secondaire, celui des Troyennes captives, entre en scène pour chanter une ode ayant des liens très marqués avec le contexte dramatique (vv. 797–912), la folie et la chute de Troie; enfin paraît Cassandre, et le reste de l'acte oscille entre le chœur des Troyennes, sous une forme lyrique ou descriptive, et les discours de Cassandre, lamentant le sort de sa famille ou, en proie à la fureur prophétique, prévoyant l'assassinat d'Agamemnon (vv. 913–1081).

IV (vv.1082–1229; 782–866 chez Sénèque). Cet acte débute sur l'entrée d'Agamemnon, qui, pour n'être en scène que pendant quelques vers (vv. 1082–1115), n'en est pas moins le point focal de toute la pièce, tout comme l'est sa mort. Ayant débattu avec Cassandre et rendu grâces à Jupiter et à Junon, il est vite remplacé par le chœur argolique, qui occupe le reste de l'acte (vv. 1116–1229). Ce chœur a tout l'air d'un intermezzo séparant l'entrée d'Agamemnon au palais du rapport de sa mort par Cassandre. Tant bien que mal, ce chœur, qui traite des labeurs d'Hercule, est relié au contexte en présentant ceux-là comme les exploits d'un autre Argien (début) et en les orchestrant de telle façon que le point culminant soit une célébration de la chute de Troie.

V (vv.1230–1415; 867–1012 chez Sénèque). Cassandre reparaît pour relater sa vision du meurtre d'Agamemnon, où elle voit la réparation des souffrances troyennes et le résultat du lignage funeste des meurtriers (vv. 1230–1285). Elle ne revient qu'au v. 1403, parce qu'entre-temps le roi, à la fortune duquel son sort est intimement lié, cesse d'être le centre d'intérêt au profit d'Oreste. C'est ainsi que Sénèque introduit le premier de quatre nouveaux personnages, Electre, et ensuite Strophil, tous deux voués à la protection du jeune Oreste, qui prend tout de suite la fuite avec Strophil et son fils Pilade (vv. 1286–1339). Electre reste pour tenir tête d'abord à sa mère, et ensuite (mais très brièvement dans les éditions du XVIe siècle) à Ægisthe, lancés à la poursuite d'Oreste (vv. 1340–1398). Electre menée 'en l'obscur ... d'une prison' (vv. 1381–1382), la pièce se termine sur le meurtre d'une Cassandre toute joyeuse

---

(64) Voir note précédente.

de prévoir la chute de l'ennemi (vv. 1399–1415).

$$* \quad * \quad * \quad * \quad *$$

LE TEXTE Le texte qui suit est celui de l'édition unique, de 1557, tiré de l'exemplaire de la British Library. Les modifications que nous y avons apportées sont assez superficielles, elles se bornent à la résolution des abréviations et contractions; à la distinction entre i/j et u/v; à un très petit nombre de corrections où la leçon imprimée est évidemment fausse(65) (les corrections proposées par Toutain lui-même, au f⁰ *iij v⁰ de l'édition originale, ont été intégrées au texte là où elles manquaient); à l'omission du titre courant 'Tragedie d'Agamemnon' et des signatures et réclames; au remplacement des caractères italiques par des romains; au centrage des noms des interlocuteurs, imprimés en toutes lettres sans point; à la numérotation des vers et à la mise entre parenthèses de la foliation originale; et à la modernisation de la ponctuation là où le sens l'exige (ceci très rarement pourtant). Enfin, puisqu'il s'agit d'une 'traduction', il nous a semblé utile d'indiquer, tous les vingt-cinq vers, les vers correspondants de la pièce latine (correspondance parfois approximative, par nécessité).

En conclusion, il est à propos de citer la remarque d'Emile Picot sur le volume de 1557:

l'impression est belle et mérite de fixer l'attention en raison des nombreux accents qu'on y rencontre(66).

---

(65) Telles sont: au f⁰ *ij v⁰ de la dédicace (ci-après, Appendice I, p. 58), ça (pour: ç'a); aux v. 49: Au; 106: Auquels; 186: Qu'elle; entre les v. 222 et 223: CLY.; 489: Vouës; 799: malheurtés; 984: avant; 1083: tans. Le tout dernier vers enfin, 1415, peut contenir une erreur ('viendra telle' pour 'viendra-t-elle'?) mais donne un sens quand même parfaitement satisfaisant. Voir enfin la note pour le v. 280.

(66) *Catalogue des livres de la bibliothèque ... Rothschild*, II, Paris, 1887, p. 27, art. 1089. Il faut dire que certains des signes diacritiques ne sont pas sans nous surprendre, mais nous les avons gardés quand même.

BIBLIOGRAPHIE SOMMAIRE

Augé-Chiquet, M., *Jean-Antoine de Baïf, sa vie, son œuvre et ses idées*, Toulouse, Privat, 1909.

Banachévitch, N., *Jean Bastier de La Péruse (1529–1554) Etude biographique et littéraire*, Paris, PUF, 1923.

Brunel, J., 'Contribution à l'histoire d'un genre: La *Satire* de Roger Maisonnier (1557)', *Mélanges ... à la mémoire de V.-L. Saulnier*, Genève, Droz, 1984, pp. 99–122.

Charpentier, F., *Pour une lecture de la tragédie humaniste*, Saint-Etienne, 1979.

Charlton, H. B., *The Senecan Tradition in Renaissance Tragedy*, Manchester, 1946.

Chassant, A. et Sauvage, G.-E., *Histoire des évêques d'Evreux*, Tavernier, 1846.

Cioranesco, A., *Bibliographie de la littérature française du XVIe siècle*, Paris, Klincksieck, 1959.

Coleman, J. A., 'L'édition originale de la *Médée* de Jean de La Péruse', *BHR*, XLVI (1984), pp. 429–432.

Delcourt, M., *Etude sur les traductions des tragiques grecs et latins en France depuis la Renaissance*, Bruxelles, Lamertin, 1925.

Febvre, L., *Le Problème de l'incroyance au XVIe siècle, la religion de Rabelais*, Paris, Albin Michel, 1968.

Forsyth, E., *La Tragédie française de Jodelle à Corneille (1553–1640), Le Thème de la vengeance*, Paris, Nizet, 1962.

Frère, E., *Manuel du bibliographe normand*, Rouen, Le Brument, 1858–1860.

Griffiths, R., *The Dramatic Technique of Antoine de Montchrestien*, Oxford U.P., 1970.

Jacquot, J. (ed.), *Les Tragédies de Sénèque et le théâtre de la Renaissance*, Paris, 1964.

La Croix du Maine, G. de, *Les Bibliothèques françoises ...*, éd. Rigoley de Juvigny, Paris, Taillant et Nyon, 1772–1773.

La Péruse, J.-B. de, *La Médée*, éd. J. A. Coleman, Exeter, 1984.

Laumonier, P., *Ronsard poète lyrique*, Paris, Hachette, 1923.

Lebègue, R., *La Tragédie française de la Renaissance*, Bruxelles, 1954.

Le Vavasseur, C., 'De quelques petits poètes normands, contemporains de Malherbe', *Annuaire de Normandie*, 1869, pp. 488–509.

Maillard, J.-F., 'Postel et ses disciples normands', in *Guillaume Postel 1581–1981, Actes du Colloque international d'Avranches 5–9 septembre 1981*, Paris, Editions de La Maisnie, 1985, pp. 79–94.

Mathieu, A., *Clytemnestre*, éd. G. Ernst, Genève, Droz, 1984.

Norton, G. P., *The Ideology and Language of Translation in Renaissance France and their Humanist Antecedents*, Genève, Droz, 1984.

Peach, T., 'Autour des *Amours de Francine*: quelques notes d'histoire littéraire', *BHR*, XLIV (1982), pp. 81–95.

'Le Droit romain en français au XVIe siècle: deux *Oraisons* de François de Némond (1555)', *Revue historique de droit français et étranger*, LX (1982), pp. 5–43.

'Le Droit romain en français au XVIe siècle: des addenda', *ibid.*, LXIII (1985), pp. 185–186.

'Sources et fortunes d'une image: 'sur l'arbre sec la veufve tourterelle' ', *BHR*, XLVIII (1986), pp. 735–750.

Picot, E., *Catalogue des livres de la bibliothèque ... Rothschild*, Paris, 1877.

Renouard, P., *Répertoire des imprimeurs parisiens ...*, Paris, Minard, 1965.

Secret, F., 'De quelques courants prophétiques et religieux sous le règne de Henri III', *Revue de l'histoire des religions*, CLXXII (1967), pp. 1–32.

'La première académie française de musique ...', *BHR*, XL (1978), pp. 119–120.

Sénèque, *Agamemnon*, éd. R. J. Tarrant, Cambridge University Press, 1976.

Stone, D., *French Humanist Tragedy: A Reassessment*, Manchester, 1974.

Tahureau, J., *Poésies complètes*, éd. T. Peach, Genève, Droz, 1984.

Toutain, C., *Le Mortgage de Normandie soubs le deguisement des ventes pactionnees du reemerey, contracts conventionnels, ventes par engagement...*, Paris, L. Brayer, 1577.

Les Martiales du Roy au chasteau d'Alaiz ... Vers de toutes les harmonies des langues Grammatiques et vulgaires, Paris, Martin Le Jeune, 1581.

Lunæ luces et labores, Paris, G. Tyrel, 1584.

Vauquelin de La Fresnaye, J., *L'Art poétique*, éd. Pellissier, Paris, Garnier, 1885.

Diverses Poésies, éd. Travers, Genève, Slatkine, 1968 (réimp.).

TRAGEDIE

D'AGAMEMNON

par

Charles TOUTAIN

PERSONNAGES

[*iij + 1v°]

THYESTE
LE CHOEUR
CLYTEMNESTRE
LA NOURRICE
AEGISTHE
LE CHOEUR DES GRECS
EURIBATE
CASSANDRE
AGAMEMNON
ELECTRE
STROPHIL

...[1 r°]

TRAGEDIE D'AGAMEMNON,

PAR CH. TOUTAIN.

ACTE I

L'OMBRE DE THIESTE

De Pluton enfernal laissant les caves sombres,   [1–18]
Je vien, Thieste, hors des Stigiennes ombres:
Je m'enfuis des enfers, je recule les Dieus,
Ignorant qui des deus m'est le plus odieus.
5   D'horreur tressaut mon ame, et ma poitrine atteinte
Pantoisement me bat, d'aprehensive crainte.
Les Penates je voi de mon pere, ains plutôt
Les Lares fraternels: voici l'antique pôt
Soutien du toit doré de mon pere Pelope.
10 D'ici pompeusement l'Achinienne trope
Voit elire les Rois: et dessus bancs dorés   [1 v°]
Là se pompent assis les princes ensceptrés:
Plus bas est le palais, et la voute Roialle,
Ici prent son repas la bouche Emperialle.
15 Je veus redevaller: pourquoi m'aime-je plus
Ici, que sus les bords des enfernaus palus?
Que de voir un fouët, et serpenteuse houpe,
Que le chien testes-trois baloie sus sa croupe:
Où l'on voit Ixion, d'un cordage massif
20 Lié, trainant sus soi un rouët oppressif:
Un qui sans cesse monte à son col une roche,
Trébuchante aussi tôt que du fête il s'aproche:
Où l'on voit béquetant un vautour affamé
D'un povre criminel le poumon entamé:
25 Et là, où de soif brule un dans l'eau du Cocite   [19–35]

4

Qui son gosier trompé d'un branslement évite:
Puni pour temeraire avoir du gref trépas
De ses enfans rôtis fait aus Dieus un repas.
Mais le quantiéme est il ce vieillard, qui endure
30   En partie le fais de la mesaventure?
Nombrons ceus que meurtrit l'Acherontien huissier,
Coupables dans la nef du chenu batelier:
Je les vaincrai moi seul en forfaits incredibles:
Ja de mes trois enfans les assiettes horribles
35   M'ont le ventre rempli: J'ai moimême mengé
Mes propres intestins, et le sort dégorgé
Son diffame n'a pas jusqu'ici sus Thieste:
Qui osant une horreur surpassant tout le reste,
Commande de tenter l'inceste engroissement
40   De ma fille chetive, or n'ai poureusement   [2r°]
Tel méchef entendu, moimême je le brasse
Affin donques du tout qu'à ma totale race
Je soi pere et aïeul, ma fille enfantera,
Contreinte du destin, un enfant qui sera
45   Digne de moi son pere. Au rebours la nature
Se confond pêle mêle, ô l'horreur, elle endure
Les enfans se meler au sang de leurs aïeus,
Le filz au sang du pere, elle voit les neveus
Aux licts de leurs cousins, et les clartés journalles
50   Confusement assemble aux tenebres nuitales.   [36–54]
Mais sus le tard un jour revoira le destin
De l'inceste commis l'adultere mutin:
Agamemnon ce Roy, Duc de l'Europe entiere,
Dont apres mille naus suivirent la baniere,
55   Ombrageans tant de ports aus Asiennes mers,
En fin apres dix ans, l'Ilion à l'envers,
Vient mourir par la main de sa femme bourrelle.
Je voi deja nager ceste maison cruelle
Au sang de deux meurtris: j'oy garrots decocher:
60   Les armes de par tout sus le chef trebucher,
Separé de son corps, qui beguement soûpire
Quant et lui divisé voir diviser l'Empire:
Ja les meurtres sont prés, ja l'horrible méchef,
Ja vient la trahison lui tomber sus le chef.
65   Aegiste, avance tôt: qu'un banquet on apreste,
La fatale raison de ta naissance est preste.
Quoi? la honte vient ell' ton audace éhonter?

Quoi? quel tremblant soupçon vient ta destre alenter?
Que t'oi je grommeler? vient un remors encores [2 v°]
70 Ton ame tenailler? donc tu t'enquêtes ores
Si cela t'est seant? voi, Aegiste, et connoi
Si ce cas à ta mere est plus seant qu'à toi.
Mais pour quoi la longueur de la nuict étéalle
S'accroît si tressoudain d'une espace hivernalle?
75 Ou qui detient au ciel les astres suspendus? [55–68]
Nous empeschons ici les raions attendus
De Phebus paressant. Maintenant, Phebus, prête
Ton jour à tout le monde, et lui leve ta tête.

LE CHOEUR

A sort menteur! que ta promesse,
80 D'une couleur trop menteresse
   Fardée, et d'honneurs et de biens,
En trop caduque residence,
Et trop lubrique permanence,
   As les états des terriens.

85 Aus Rois bien tard il est loisible
De s'assurer d'un jour paisible:
   Lesquels bien tard mesmes aussi
Voint Phebus monter, et descendre,
Sans de matin ou de soir prendre
90   Quelque peur ou quelque souci:

Contre le détour de Libie
La roideur des eaus ne varie
   D'un si inconstant tremblement, [3r°]
Et ne s'émeut l'onde marine
95 Si tôt sus la côte d'Euxine
   Haussant ses flots au firmament,

Quand d'une course groumelante
Passe la nue en l'air pendante,
   S'outrélançant jusques aus cieus:
100 Et l'Ourse, qui jamais ne verse [69–89]
Son char branlant dans l'onde perse,
   I joint ses astres radieus:

Comme la fortune glissante

Roue de sa destre puissante
105 Les seigneuries des grans Rois,
Auxquels le dormir chasse-cure
Ne plait, sous la nuit obscure
  Des plus craintifs craignent la vois.

Quels palais, quelles tours retives
110 Les malheurtés alternatives
  De la fortune n'ont mis bas?
Quel fort n'a senti la malice
De Mars? Chasteté et justice
  Avec les Rois n'habitent pas.

115 Puis s'enfuit la triste Bellonne,
Qui de sa main sanglante étonne
  Les princes d'Erinne entachés:
Les noises sont tousjours suivantes   [3 v°]
Des Rois les orgueilleuses tentes,
120 Dont bien souvent ils sont touchés.

Combien que les armes s'apaisent,
Et les traisons des guerres cessent,
  Toutesfois dessous sa grandeur
Un fais chancelle, et sa fortune
125 D'une charge trop importune   [90–102]
  Renverse bas la pesanteur.

La nef aiant le vent en poupe,
D'un calme Zefir qui l'empoupe
  Peu seure d'elle va voguant;
130 La tour, dont la cime pointue
Veut percer les flancs d'une nue,
  Voit contre soi tousjours grondant

L'orage: et les troncs des bois sombres,
Les monts annuitans sous leurs ombres,
135 Se voint souvent deracinés:
Et sentent foudres outrageuses
Les monts, et des fievres pesteuses
  Les hommes grands sont assenés.

Au parmi des troupes menues,

140 Qu'on voit aux campaignes venues,
  Ensemble les herbes macher,
 Sus toutes plaît haût la visée
 Sus une, entre autres avisée,   [4 rº]
  Pour son traict au blanc decocher.

145 Bref tout cela qu'a fait paroitre
 La fortune, ell' le fait decroître,
  Et sembler tout en un moment:
 Un bien long temps pourra donc vivre
 Quiconques humble veut ensuivre
150 L'humble petit contentement.   [103–119]

 Heureus qui d'une multitude
 Suit la champétre solitude,
  Nouant paisible tout un jour
 Dessus le bort d'un gros rivage,
155 Loin de l'effroi de tout orage,
  Sans eloigner son petit tour.

ACTE II

CLYTEMNESTRE, LA NOURRICE

Quel avis asseuré lâchement ai-je empris?
De quelz remors flotans chancellent mes espris?
Ja le meilleur moment pour Clytemnestre passe.
160 J'eus loisir quelquefois d'entretenir la grace
De mon seigneur et Roi, de garder chastement
Avec ma saincte foi le sceptral ornement.
Les drois sont abolis, la foi, la reverence,
Les meurs, et la vergongne oubliant son essence
165 Quand elle échape un coup. Devalle ores ton frein,   [4 v°]
Et de méchanceté prontement sui le train:
Tousjours la malheurté surement s'achemine
Par moien malheureus. Or à par toi machine
Les cauteleus avis, les infidelles tours
170 Que jamais femme feit, femme, que les amours
Eussent mis hors de soi: ce qu'autre fois oserent
Les mains de la maratre, et les jus qui tremperent,
Et la noire poison quand l'amoureus pouvoir
Sus une commandoit, qui fuïant le terroir
175 Thessalien, voguoit dans la nef Phasienne: [120–135]
Ou quittant ce païs, maison Micenienne,
Va-t'en larronnement, pren quelqu'un d'environ,
Qui ribaut tienne prêt un fuitif aviron.
Pourquoi t'es-tu, poureuse, et larcin, et la fuite,
180 Et l'exil proposé? tout ce n'est que la suite
Du sort avantureus: il faut pour t'éprouver,
Un acte plus cruel cruelle controuver.

NOURRICE

Princesse de la Grece, illustre sang de Lede,
Quelle songneuse ardeur pensive te possede?
185 D'avis impatiente, et de toute raison,
Qu'elle est de ton esprit la chaude marisson?
Tu as beau te celer: clerement sus ta face,
Est la fiere douleur qui ton ame tirace.
En aprés, qu'i a il? é pour l'amour de toi,
190 Mets un peu de relâche à ce tiran émoi,
Souvent le tans emporte, et la longue demeure,
Ce que l'avis ne peut ni la raison meilleure.

CLYTEMNESTRE

Un trop grand creve-coeur m'engarde de piller
Plus lon tans patience: Amour me vient bruller [5 r°]
195 Et le coeur et les os: une crainte mélée
Survient époinçonner mon ame travaillée:
Et mon coeur envieux contre mes flancs bondit:
Mon appetit brutal à raison contredit,
Qui dominant sus moi au meilleur contrarie.
200 Et entre tels flambeaux de ma raison honnie [136–154]
Ma honte rabatue à peine se contient,
Qui lache, et qui rebelle à tous eus contrevient.
Je suis des flots divers vogamment deboutée,
Comme l'onde, du vent en partie agitée,
205 D'un côté de l'orage on voit cent fois ravir
Et haut, et bas avant que l'un des deux suivir.
En aprés n'est pas cheu de la main tout regime?
Où l'ire, où l'abhorrence, où le dueil qui me lime
Me chasseront, j'irai: j'irai, car j'ai aux vens
210 Ma nef abandonnée, où fourvoie le sens
Il est trébon suivir du hasard l'apparence.

NOURRICE

Suivir le sort pour guide est sotte outrecuidance.

CLYTEMNESTRE

Celui à qui fortune est refuge dernier,
Qu'a il rien de douteus, de quoi se soutier?

NOURRICE

215 Tu es seure, et si bien t'es en toi conseillée
Seurement se taira ta faute recelée.

CLYTEMNESTRE

A tous ceus de la court mon vice est apparent.

NOURRICE

De cetui te repens pour tenter un plus grand.

CLYTEMNESTRE

A peché mettre fin ce m'est vraiment folie.

NOURRICE

220 D'un et d'autre forfait qui son crime replie
Accroit ce qu'il en craint.

CLYTEMNESTRE

Les flames et couteaus
Sont bien souventefois remedes à nos maus.

NOURRICE

Onc au commencement n'est la fin rencontrée.   [5 v°]

CLYTEMNESTRE

Plus seante à malheur est la plus bréve entrée.

NOURRICE

225 Du nom de ton mari au moins te souviendra.   [155–172]

CLYTEMNESTRE

Oui! apres dis ans mon mari reviendra!

NOURRICE

Souvenir il te faut de tes enfans de lui.

CLYTEMNESTRE

Et me souvient encor de ma fille aujourdhui,
De sa nossalle pompe, et d'Achille mon gendre,
230 Qui vraiment de sa foi l'effet me feit entendre.

NOURRICE

Ta fille desancra les trop tardives naus,
Et chassa dans la mer les paresseus vaisseaus.

CLYTEMNESTRE

J'ai honte, et me deplaît que la race celique
De Tindare ait conceu de la classe Dorique
235 Le brave coronal: mon esprit n'a cessé
De repenser l'honneur dont il s'est avancé,
Aiant honteusement la povreté pourveuë

Selon le lieu Roial dont elle étoit venuë.
Quand son pere assistant humblement benissoit
240 L'autel comme nossal, et Chalcas abhorroit
L'augure de sa vois, qui des flames cruelles
Volantes jusque au ciel voioit les étincelles.
O maison qui tousjours soimême se détruit,
Quand d'autrui le forfait, hasardeuse, poursuit!
245 Qui achete des vens par son sang la conduite,
Et les debats guerriers par soi meme dêtruite!

NOURRICE

Mais avec ton seigneur mille naus ont pris route.

CLYTEMNESTRE

Jamais d'ici partant, ne prit la classe toute
Au clin heureus des Dieus son lointain partement.
250 Euboee de son port les chassa rudement: [173–191]
Et qui sous tel presage ont guerre commencée,
Ceux-là bien lentement la voirront avancée.   [6 r°]
Ardamment de l'amour d'une captive épris
Par priere imploiable, il detient ores pris
255 L'ornement Smynthean au devot Thebain Chrise,
Deslors enamouré de sa pucelle prise.
Et n'a peu par menace Achill' le détourner:
Ni, qui voit les destins du monde contourner
Contre nous rigoureus, aus autres dous augure:
260 Ni de son ôt pesté, ni des flames l'injure
Grillants ses Grecs decheus sus le peril dernier.
Vaincu sans aversaire il dechoit journalier,
A Venus adonné, Venus il renouvelle.
Et affin que jamais de quelque amour nouvelle
265 Il ne fut sauf trouvé, et son lict chaste veu,
Il s'est malgré Achill' de Briseis pourveu.
Laquelle il a de force et colere inciville
Ravie honteusement des bras de son Achille.
Or voilà de Paris l'ennemi hors du sens,
270 Qui, portant de nouveau les traicts d'Amour cuisans,
Attraine avecques soi la Sibille Troienne:
Et aprés le triumphe, et depouille Asienne,
Et l'Ilion rasé, gendre à Priam revient,
D'une serve mari, qui ferrément le tient.
275 Sois donc promt, mon courage: une entreprise fraile   [192–209]

Tu ne t'aprêtes pas: hâte toi donc cruelle,
Chétive, qu'attens-tu? de voir ici venir
Une garse étrangere? et de lui voir tenir
Le diademe sceptral du regne de Pelope!
280 Te peut tarder cête viergealle simple trope?
Et ce garson Oreste à son pere pareil?   [6 v°]
Considere d'iceus le danger non-pareil:
Toute la malheurté se roüe sus leur tête.
Folle, que cesse tu? voici une tempête,
285 Furieuse maratre à tes propres enfans:
Si de nul tu ne peus, perce toi les deus flancs
D'une dague homicide, et tuant deus ensemble
Meur, et tuant ton Roi, ton sang au sien assemble:
Miserable n'est point de celui le mourir
290 Qui veut avec un autre ensemblément perir.

NOURRICE

Modere cêt ardeur, et toiméme t'arrête:
Voi que grand est le cas que ton audace aprête:
De la cruelle Asie il arrive vainqueur,
Et tire quand et soi, de l'Europe vengeur,
295 Les Pergames captifs, et la bande serville,
Qui le suit ja lon tans des la Troienne ville.
Tu veus cil traitrement, ô folle, r'acuillir
Qu'oncq' Achille ne peut par armes assaillir,
Combien que refrongné sa main il eût armée:
300 Non le meilleur Ajax, dont l'ame suprimée   [210–229]
De rage et de fureur sa mort precipitoit:
Non Hector, seul qui Grecs, et guerres arrétoit:
Non l'archer seur Paris, et Memnon l'Aetiope:
Non Zanthe debordé par la pert-ame trope:
305 Non Simoïs roulant son eau rouge de sang:
Non Cigne le negeal à Neptune le fils blanc:
Non l'enfance de Thrace à Rhese obeîssante,
Ni de fleches et d'arc l'Amazone effroiante.
Donc la mort à cétui tu veus apareiller?
310 Et d'un meurtre méchant les autels maculer?   [7 r°]
D'un si horrible fait la Grece vengeresse
Paisible se taira? propose toi, maitresse,
Les armes et chevaus, et l'effroiable mer
Qui veit de tant de naus ses vagues opprimer.
315 Mets toi devant les ïeus la campaigne abreuvée

De gros ruisseaus de sang, et la Grece arrivée
Sus la tour Dardanie, et les destins cachés,
Mortellement sus Troie et Priam trebuchés.
Retien donc le courrous de ton ire intensée,
320 Et r'apaise le feu de ta trouble pensée.

AEGISTE ET CLYTEMNESTRE

AEGISTE

A toute mon emprise or le terme est venu,
Qui tousjours pallement en horreur m'a tenu!
Quelle peur, mon esprit, atterrit ton courage?
Qui te fait de plain front laisser ton avantage?
325 Estime que les Dieus encontre toi mutins,   [230–248]
Te machinent entre eus quelques cruelz destins.
Expose à tous hasars ta teste monstrueuse,
Et soutien fer et feu de ta détre animeuse.

CLYTEMNESTRE

Ce n'est punition que la mort, à tous ceus
330 Aegiste, qui ont veu soubs tel astre les cieux.

AEGISTE

Fille à Lede sui nous, sois du peril compaigne:
Seulement plaïe et sang ce lâche capitaine
Et ton valeureus pere ici t'ameineront.
Mais quoi? quelle palleur sus ta jouë et ton front
335 T'ablemissant je voi? et ta veuë panchée
Sous un' inde couleur contre bas est fichée?   [7 v°]

CLYTEMNESTRE

Le marial amour me gaigne et me retrait,
Retournons d'où premier un trop diffame attrait
Me feit abandonner: or il est tans d'entendre
340 A chaste devenir, car jamais de reprendre
Le chemin vertueus tardif n'est le propos:
Et l'humble criminel plus pres est du repos
Si, soimême accusant, ses fautes veut connoitre.

AEGISTE

Où suis-je transporté? m'osé-je bien promettre,
345 Eventé que je suis, un espoir déloial,
D'elle et d'Agamemnon sur le lit marial?
Tout point de crainte ôté: toutesfois la Fortune
Cause la gravité de ces Rois importune,
Depuis qu'elle est prospere, et le hasard souvent
350 Elle exauce d'iceus d'un favorable vent.   [243–265]
Encor' il fut des Troie aus soudars fort austere,
Combien est creu son coeur de nature severe
Les Pergames détruits? alors qu'il i alla
Il estoit simple Roi, il reviendra de là
355 Au lieu d'un humble Prince, un tiran de peuplace,
L'or et les grans honneurs mettent au coeur l'audace.
Avecques quelle pompe ici le suivra brave
De garses et putains une grand' trope esclave?
Mais une par sus tout, servante au devin Dieu,
360 Le tient, et peut sus lui ce qu'ell' veut en tout lieu:
Endureras-tu voir une étrangere femme
Te chasser, et taxer ton lit de son diffame?
Mais ell' ne le voudra: ah! rien plus-grand malheur
Que de voir davant soi prosperer en honneur
365 Une femme avollée: aussi des Rois le sceptre   [8 r°]
Ni l'Amour leur ajoint ne peurent oncq'admettre.

CLYTEMNESTRE

Aegiste, où de rechef tomber me contreins-tu?
Tu rallumes le feu d'un courrous abatu:
Qu'il se soit quelque droit permis sus sa captive:
370 Pourtant une maitresse, ou Dame trop hâtive
N'i doit avoir égard, ailleur autre est son droit,
Autre en son lit privé: comment peut orendroit
Opiner contre lui moins austere sentence
Mon trop lâche courage, aiant la souvenance
375 De son sale forfait? obtienne de celui   [266–282]
Facilement pardon, qui le brigue pour lui.

AEGISTE

Il est bon qu'il soit fait paisible accord ensemble,
Qui prouffite à tous deus: mais encor tu contemple,
Toûjours renouveler la volonté des Rois,

380 Tiranniques au peuple à eus justes leurs droits:
Pensans de leur grandeur grand's étre les licences,
Licites s'ajuger des autres les offences.

CLYTEMNESTRE

Heleine rassemblée a eu de Menelas
Son pardon, bien qu'elle eût renversé le soulas,
385 En egalle fureur, de l'Europe et l'Asie.

AEGISTE

Il n'étoit pas aussi d'une secrete amie
En amour acointe, qui deteindre pouvoit
La foi, qu'étroittement promise il lui avoit.
Maintenant ton mari toutes couleurs invente,
390 A montrer que tu es criminelle evidente.
Croi, croi qu'on n'a sus toi nul diffame entrepris.
Que prouffite l'honneur, que sert d'avoir apris
Chastement se tenir, et fuir le diffame,
S'un mari te soupçonne estre impudique femme!   [8 vº]
395 On ne se plaint jamais s'il a de son côté
Une faute commise. Or s'il vient irrité
Te chasser d'avec lui, prendrâ-tu pas la fuite
Vers Sparte ton païs, l'evitant et sa suite?
Jamais ne fut mortel le divorce d'un Roi:
400 Trompe d'un faus espoir ton craintif desarroi.   [283–300]

CLYTEMNESTRE

Mon crime n'est connu que d'un homme fidelle.

AEGISTE

Jamais n'est chés les Rois la foi perpetuelle.

CLYTEMNESTRE

Mon bien meritera que fidelle il me soit.

AEGISTE

Qui pour argent promet, pour argent il deçoit.

CLYTEMNESTRE

405   Voici le residu de ma pristine honte
Qui veut s'abandonner: quels propos me raconte
Ton diffame babil? méchant, en quel hasart
Pretent me faire choir ton devis babillart:
Pour prendre un forbanni, qui suis de noble race,
410   Du Roi des autres Rois j'irai perdre la grace?

AEGISTE

Pourquoi sui-je envers toi moins qu'Atride rendu,
Qui suis de la maison de Thieste descendu?

CLYTEMNESTRE

Qu'il te soit, s'il se peut, quant et quant ton granpere.

AEGISTE

De ma race Phebus est l'autheur, et le pere.

CLYTEMNESTRE

415   Autheur de telle race oses-tu appeller
Phebus? lequel alors qu'il vouloit ateller
Ses chevaus donne-jour, hors du ciel vous chassâtes,
Quand vous tous d'une nuit ses clartés offuscâtes?
Pourquoy à ceste inceste invoques-tu les Dieus?
420   Qui sçais tant-seulement traitrement odieus
Les chastes suborner? ausquelles ta vaillance
Se montre arrogamment, avec ta decevance?
Retire toi soudain, emporte avecque toi   [9 r°]
Bien loin le deshonneur de la maison d'un Roi:
425   Cête-ci apartient à un vertueus prince.   [301–323]

AEGISTE

Ce ne m'est rien nouveau que changer de province:
Le mal m'est coutumier: si tu veus commander,
Pour toi non seulement j'oserai bien céder
Arges, et mon païs, en rien je ne retarde
430   Que pour toi ma poitrine à mort je ne hasarde.

CLYTEMNESTRE

Que je vueille coupable éstre faite une horreur,
Et un meurdre à mon nom? quiconques une erreur
A malgré soi commis, en tel crime luimême
Coupable est presumé: mais, hors d'ici toimême,
435 Va-t'en d'avecque moi, affin qu'un bon conseil
Demêle de la court le douteus appareil.

LE CHOEUR

1

Chantés, fameuse jouvence,
D'Apollon annuit le rond
De la feriale dance,
440 Met le sceptre sus ton front:
Et d'Inac la race pure
Ta vierg'ale chevelure
De vert laurier vient couvrir.
Hâtés-vous, troupe devote
445 D'Erasin, Thebes, d'Eurote
Et d'Isménon, d'accourir.

Lesquels la fille proféte
De Tiresie, Manton,   [9 v°]
Voulut celebrer la fête
450 Des fils jumeaus de Laton.   [324–347]
De ton arc lâche la corde,
Nous ramenant la concorde,
Phoebus, paisible vainqueur:
Et ce grand carquois décharge,
455 Qui de traits legers te charge
D'ennuieuse pesanteur.
PAUSE 1
Sus ton luc vien tinter
Une molle harmonie,
Sans aigrement tenter
460 Quelque âpre batterie:
Ainsi que mollement
Sus une tendre lire
Ton pouce sçait bien dire
Un tien ébatement.

2

465   Et bien qu'ore ainsi tu chantes
    Que tu faisois des le tans
    Que les foudres punissantes
    Acablerent les Titans,
    Que les montaignes arduës
470   L'une sus l'autre étanduës
    Batissoint leurs échellons:
    Sus Pelion Osse grimpe,
    Et le porte-pin Olimpe
    Couvroit les deus environs.   [10 r°]

475   Oi aussi (ô seur suprème   [348–374]
    Et femme au Saturnien,
    Compagne à son diadême)
    Ce troupeau Micénien:
    Juno, tu as sous ta garde,
480   La douteuse sauvegarde
    D'Argos humble sous ton nom:
    De guerre et de pais maîtresse,
    Pren donc ores vainqueresse
    Les lauriers d'Agamemnon.
                PAUSE 2
485   Du lut le ton parlant
    Solennel dit ta gloire,
    Les filles en filant
    Les vers de ta memoire:
    Voués leurs flambeaus or
490   T'ont les femmes de Grece:
    Une genisse on dresse
    Libre du jouc encor

3

    A ton autel. Vien, Minerve,
    Fille aimée au tonnant Dieu:
495   Qui as frappé la caterve
    Du camp Troien en meint lieu:
    Grande matrone, et moienne
    Pêle mêle, et ancienne
    Réverent ta deité.
500   Là le prêtre ouvre ton temple,   [375–395] [10 v°]
    Où la jeunesse s'assemble

Le chef couvert de gaité.

    Les vieillards te rendent graces
    D'un plus devot jugement
505   Léquels boivent dans leurs tasses
    Le vin à grand tramblement.
    A toi, Diane, s'adresse
    La memorative Grece,
    Pour ensemble t'invoquer:
510   Tu fais que Déle s'arrête,
    Qui ça là par la tempête
    Poussée alloit s'achoquer.

PAUSE 3

    Laquelle a orendroit
    Pris pié dessous les ondes,
515   S'accrochant à l'endroit
    Des terres plus profondes:
    Elle s'oppose au vent,
    Dont jadis assaillie
    La nef qu'ores ell' lie,
520   Par mer alloit suivant.

4

    Tu vas or de Tantalide
    Les funerailles nombrant:
    Maintenant un roc humide
    Au mont Sypile plorant,
525   Sus le sommet duquel ores   [396–395a] [11 r°]
    On voit du vieil marbre encores,
    Nouveaus pleurs toujours jettés:
    Châque personne revere
    L'heur devotement prospere
530   De tes doubles deités.

    Et toi davant tous ensemble
    (O pere-foudre puissant)
    Sous la dêtre duquel tremble
    Chaque pole obeissant,
535   Juppiter, de nôtre race
    L'autheur, à qui l'on rend grace,
    Daigne nos offres sonder:
    Toi qui es aïeul d'icelle,
    Vueille-la d'un meilleur zéle

540   Comme ton sang regarder.

   Mais je voi à grand pas se hâter un soudard,
Qui porte de victoire avec soi l'étandard,
Je lui voi le sommet enlauré de sa lance:
C'est Euribat du Roi la feale accointance.

ACTE III

EURIBAT ET CLYTEMNESTRE

545 J'adore suppliant de nos Dieus immortels,
Et des Lares privés les temples et autels,
Qui à mes propres ïeus à grand peine peus croire   [11 v°]
Aprés un si long temps: aus Dieus de la victoire
Rendés vos voeus sacrés, Agamemnon, le coeur
550 De l'armée Argolique, arrive aus siens vainqueur.   [396a–416]

CLYTEMNESTRE

Heureus jusques à moi a vollé ce message!
Quell'terre a detenu par dis ans si sauvage
Mon mari desiré! vueille moi exprimer,
Est-il sans prendre port encore sus la mer?

EURIBAT

555 Sain, et grand en honneurs descendu sus la rive
Au port tant regreté de la Grece il arrive:
Aus temples honorons en fin ce jour tant beau.

CLYTEMNESTRE

Les Dieus nous ont aidé tardivement tout-beau:
Mais di moi si mon frere est encores en vie:
560 Di moi en quel païs ma seur s'est asservie.

EURIBAT

Meilleure je requiers la réverence aus Dieus:
Car les certains perils de Neptune orageus
Me couppent la parolle. Incontinent que toute
La flote separée eut des eaus pris la route,
565 L'une nef ne pouvoit sa compaigne choisir:
Si bien qu'Atride même eut plus de déplaisir
Vagabond par les mers, qu'il n'eut onc davant Troie:
Retournant plus vaincu que vainqueur, povre proie,
Il attraine avec lui, et d'un tel escadron
570 Des naus qu'il eut, il n'a qu'un chetif aviron.

CLYTEMNESTRE

Di, quel hazard honnit les barques des Empires?
Quell'fortune de mer separa des navires
De tant de braves Ducs?

EURIBAT

            Tu veus, Reine, sçavoir
Un cas poisant à dire: il te faut concevoir
575   D'un message plaisant une triste poursuite: [417–437]
Mon esprit frissonneus en parler se dêpite,   [12 r°]
Prenant nouvelle horreur de tant de maus passés.

CLYTEMNESTRE

Di vite, qui refuse à sçavoir les excés
De sa propre infortune, il croît en soi la crainte:
580   Toûjours les maus douteus font plus facheuse étrainte.

EURIBAT

Incontinent aprés que les Doriques flames
Eurent et l'Ilion, et rasé les Pergames,
Le butin est paru, aus rives de la mer
Châque hâtif s'en va le harnois desarmer.
585   Cà là sont dans les naus les armes répandues,
Châcun à l'aviron a les mains étendues:
Toute demeure est longue à leur hâtive ardeur.
    Si tôt que du retour apparut la splendeur
Es navires du Roi, et la clere trompette
590   Aus soudars entonna la tardive retraite,
Premier la nef dorée aus ondes s'élança,
Et la nage entreprit, que bien tôt commença
Un millier de vaisseaus, de là l'aure tranquille
Aus toilles s'entonna: l'onde à peine facille
595   Sous la main aus dous vens de Zefire s'enfloit.
Sous celles naus la mer latente reluisoit.
A voir ports denués châque soudard s'emploie,
Avec les lieus deserts de Sigée et de Troie.
La jeunesse s'empesche à calmement sonder
600   Les avirons chassés, et de leurs mains aider   [438–456]
Les vens, sans épargner la force alternative
De leurs bras vigoureux. Ja la classe hâtive
Fond les sillons marins d'un côtier grongnement.

L'écume divisoit la mer éparriment,
605 Lors qu'un plus roide vent se jettant dans les voilles [12 v°]
On meît bas l'aviron, et soumeît on les toilles
Aus conduites des vens. Ainsi bateaus épars
Tantôt le matelot loin jette ses regars,
Sus les terres, qu'il voit d'aussi loin reculées,
610 Que la classe s'ensuit par les ondes salées:
Tantôt il ramentoit les guerres, et encor
Le temeraire char et menaces d'Hector,
Et de son corps sauvé la flame rachetée:
La statue tantôt d'Hercule ensanglantée.
615 Lors meint et meint poisson au Thyrréne s'ébat:
L'un qui est recourbé le poli sable bat,
Et surpasse du dos la mer tumultueuse:
L'autre tournoie en rond, qui la navire ondeuse
Pres-nage egallement, joieus d'outrepasser,
620 Et joieus de se voir par les naus devancer.
Celle trope s'égaie aus premieres flotantes,
Tantôt environnant les mille autres suivantes:
Déja la pleine mer les navires couvroint,
Et les chans reculés plus bas n'apparoissoint,
625 Que le douteus regard des montaignes Idées [457–476]
Montroit du feu Troien les flammêches ridées.
Ce que seul regardant l'alarme audacieus,
Ne sembloit noirement qu'une marque à leurs ïeus.
Ja Titan soulageoit de leur longue carriere
630 Ses chevaus travaillés, et déja la lumiere
Du jour precipité aus astres retournoit,
Qu'un nuage petit qui tout-beau s'élevoit
Noirement époissi, ja, ja Occidentale
Brouillace la lueur de Phebus qui devalle. [13 r°]
635 L'inconstance du soir feît à l'heure soupçon
De l'orageuse mer. Ja le brun Orizon
De la suivante nuit avoit mis les étoilles
Au ciel, que sans aléne étoint flaques les voilles.
Lors des rocs montaigneus un murmure tançant
640 Tombe, d'un plus grand cas et peril menaçant.
Long espace en aprés les mers et mons gemissent,
Et les flots par les vens soumarins s'orguillissent.
Alors que tout à coup la lune disparut,
Châque étoille tomba, la mer aus astres creut,
645 Le ciel n'apparut plus, la nuit est redoublée

D'un autre épois brouillas qui l'a plus-que troublée:
Et sans nulle clarté la mer se mêle aus cieus.
Eure à Zephir, Borée au Note injurieus
De quatre pars choquans, de leurs sources profondes
650 Culbutantes en haut deracinent les ondes.　　　　　　　　[477–495]
Châcun ses armes laisse essaiant courageus
La Mer, qu'un tourbillon envelope orageus.
L'Aquilon Thracien les néges bouleverse,
L'Austre à Sirte assemblé les arénes renverse,
655 Sirte le contrarie, et Note et ses torrens
Leur est insupportable, et les flots susparens
Vont la Mer augmentant des Indes éventées,
Eure d'embas émeut les regnes Nabathées,
Et la rive Eoée: et Caure impetueus
660 Levant de l'occident son gosier envieus.
Tu croirois la machine aller en décadence
De tous ses fondemens, des la cieline essence
Les deités tomber, du feu, de l'air, des flos,　　　　　　　　[13 vᵒ]
Et de la terre encor se confondre un chaos.
665 Le chaût au vent resiste, et le vent au contraire
Repousse les chaleurs: la mer dans soi retraire
Ne se peut, et la pluie aus flots va se mêlant.
Seulement ce soulas à leur mal violant
Ne leur est pas donné, de voir aumoins encores
670 Le moien de la mort, laquelle les suit ores.
L'air ténebreus deteint les feus de la minuit,
Là du Stix détestable est l'enfernalle nuit.
Toutefois le feu tombe, et la flame cruelle
Du nuage éclaté glisse continuelle.
675 Et tant douce leur est leur maline clarté,　　　　　　　　[496–515]
Qu'ils aiment cêt éclair: l'escadron agité
Des classes s'entrenuit, la hune à la rencontre
L'autre empêche, et le flanc au côté qu'il rencontre:
Une vague s'ouvrant precipite une nef,
680 Ell' l'engouffre, et d'enhaut la vomit de rechef:
L'autre se rampe coi pour le fais qui la presse:
L'une un éclat froissé dessus les ondes laisse,
L'autre est au flot dixieme affondré sous les eaus:
Cête ci sans avoir ses ornements plus beaus,
685 Vogue toute rompue, elle n'a ni ses toilles,
Son anchre, ni son mât les larges porte-voilles,
Mais cassée elle flôte aval l'Ionien:

Aus grands maus et l'usage et raison ne peut rien.
Châcun d'horreur pallit, tout matelot frissonne
690 Au mieus de son état, l'aviron abandonne
La mênagere main, ainsi la peur des flots
Les miserables fait finallement devots: [14 r°]
Mêmes Dieus et le Grec et le Troien appelle.
Que peuvent les destins! Pyrrhe à la mort cruelle
695 D'Achille porte envie, au Telamonien
Ulisse, et Ménélas au mur Dardanien
Hector, et à Priam le plus aîné Atride.
Brèf quiconque est tombé sous le mur Priamide,
Heureus est appellé, s'il meritoit tomber
700 D'une guerriere main, dont jamais succomber [516–533]
L'estime ne pourra, dont la terre vaincue
Le corps ensevelit. La mer et l'onde émue
Les rien entreprenans de brave engloutiront:
Par ce lâche destin les vaillans periront:
705 Honteuse est cête mort. Quiconques tu sois ores
Des Dieus non satisfait de tant de maus encores,
En fin contente toi: sus nos maus et perils
De Troie arriveroint aversaires marris.
Si ta rancoeur encor contre nous est récente,
710 Et tu vueilles perir la Dorique descente,
Que te vaut de noier avecque nous ceux-ci,
Pour lesquels orendroit nous perissons ainsi?
Calme l'onde rétive, et voi que nôtre classe
Les habitans de Troie avecque nous achasse.
715 Plus outre ils n'en pouvoint: la mer a leurs clameurs.
Voici nouveau malheur, des éclairs foudroieurs
De Jupin coléré, Pallas avantagée
Menaçante entreprent de sa hache enragée
Tenter ce qu'elle peut, de flames et de dards,
720 Du foudre de son pere, et des hideus regards
De l'horreur Gorgonée: à l'heure est parvenue [14 v°]
L'arrogance des eaus plus outre que la nue.
Ajax seul se rebelle invincible aus perils,
Qui comme il assembloit ses toilles, fut surpris
725 D'une flame tombante, un autre éclair s'élance, [534–555]
Dont le frape Pallas, dont elle d'assurance
Imitant Juppiter, retire son effort,
Il outrepasse Ajax et le naval ressort
D'une telle roideur, qu'avec soi il emporte

730 Ajax et la moitié de la nef qui le porte.
   Lui, de rien ne s'émeut, plus roide qu'un rocher
   Dans le sable planté, il pousse l'approcher
   De l'onde furieuse et la flot enragée
   Il ront de l'estomac, de sa main alongée
735 Il empoigne la nef: dans la marine nuit
   Ajax, et dessous lui toute la mer reluit.
   En fin aiant pris pié sus la roche profonde
   Sa colere il entonne, Avoir surmonté l'onde
   Et les feus je me plais de survaincre la mer,
740 Les foudres et le ciel et Pallas desarmer,
   Onc pour le Dieu guerrier je ne quittai les armes:
   J'ai Hector soûtenue, et de Mars les alarmes.
   Onc les traits Phébeans ne m'ont fait perdre pas:
   Avecques ces captifs mille ont eu le trépas
745 Par notre bras vainqueur. Ai-je horreur de voir faire
   Les coups d'armes d'autrui par un lâche aversaire?
   Quoi? quand il s'armeroit? Comme tout furieus
   Il vouloit poursuivir, Neptune injurieus
   Dressant la tête hors de son marin dommaine,
750 Le roc par son Trident sous les vagues emmeine,   [556–572] [15 r°]
   Et le mont ébranlé, qu'il noie avecque lui.
   Ainsi Ajax, vaincu par le cruel ennui
   Du foudre, de la mer et des terres, se noie,
   Qu'ailleurs plus grand malheur agités nous envoie.
755   Là est une basse eau par les bancs pierreus,
   Menteresse à la veuë, où rochers tenebreus
   Le trompeur Capharée enclot sous ses ravines.
   Le flot alternatif par ces roches mutines
   S'éleve et se débat dans son marin détour.
760 Là plus haut apparoit une chetive tour,
   Qui regarde environ où la mer se divise.
   De là on voit Istmon, telle contrée assise
   Qui fut à ton aïeul: lequel païs reclos
   Deffend que les deux mers n'entremêlent leurs flos.
765 De là on voit Lemnon en malheurté fameuse,
   Et Chalcedoine aussi, et l'onde ventueuse
   Du tardif port d'Aulide: et là sus les corneaus
   Où ce château rompu regarde sus les eaus,
   Un grand Fare éclairant le pere à Palaméde
770 D'un traitre bras assit, auquel pour tout remede
   Les naus dans de grands rocs s'allerent abîmer

Où les vaisseaus fichés on voioit écumer.
D'une si petite eau les approches étraintes
Les navires brisoint: d'une voguoint déjointes
775 Les pieces avau l'eau, le demeurant restoit   [573–590]
Sus le dos d'un rocher: là rompue abatoit
Une autre traversant la côte de la rive.
Aus navires alors la terre fut craintive,
Qui tempêtent la mer: en pleurs choit la fureur.   [15 v°]
780 Aiant sacrifié si miserable erreur,
Phébus cler se répand, et l'Aurore haussée
Déploia les perils de la minuit passée.

CLYTEMNESTRE

Me doi-je tourmenter, ou bien me réjouir
De mon mari venu? Je voudrois m'éjouir:
785 Mais le dommage grand de la Gréce affligée
Me contraint de plorer: Rens ores soulagée,
Juppiter, céte terre, et les haut-tonnans cieus
De ta dêtre ébranlant, rens lui amis les Dieus.
Et que tous maintenant aint les têtes fournies
790 De fueillus entrelacs: les douces harmonies
Des sacrés menétriers volent ores en l'air:
Que davant les autels on ameine beuller
Une blance vachéte, aus Dieus vouable offrande.
Mais de Troie arriver je voi la triste bande
795 Au chef échevelé, laquelle châtier
Va la folle Phoebas d'un Enthean laurier.

LE CHOEUR ET CASSANDRE

Ah! que dous mal c'est aus mortels
   L'ardent souhait de vivre
Veu que toutes malheuretés
800   On a moien de suivre   [591–604]
Le lieu de l'immortel repos:
Et de la mort le trait dispos
De tous desastres nous delivre.

Jamais la peur ni les hasards
805   De fortune impiteuse   [16r°]
Ne l'ont ébranlé, ni les dards
   De la foudre orgueilleuse:
Celle grand pais n'eut jamais peur

Des mutins d'un peuple trompeur,
810   Ni de menace audacieuse.

Elle, qui n'eut onc les effrois
    D'une guerriere foudre,
Quand autour mille pallefrois
    Croît une nue en poudre,
815 Ou quand dans l'inconstante mer
Les eaus qui semblent abîmer
On voit en un chaos dissoudre:

    Ou qu'on voie de toutes pars
      Les villes dépeuplées,
820 Lors que par les grands feus épars
      Les portes sont brûlées,
Et qu'on fait sentier à la mort:
Lors les paisibles du grand port
Désiront les armes couplées.

825   Celui seul, des faciles Dieus   [605–621]
      Qui ne fait point de conte,
Qui les Achérontiques lieus,
      Et les tristesses donte
Du triste Stix, qui peut mourir,
830 Peut d'un grand Roi l'heur conquerir
Et presque cil des Dieus surmonte.   [16 v°]

O de mourir n'avoir moien
    Que c'est cas miserable!
Nous avons veu du mur Troien
835   La cheute et brulant cable
En une seule nuit: alors
Que les feus Grecs dans et dehors
Massacroint Troie déplorable.

Troie qu'on ne surmonta pas
840   Par guerre ni vacarmes,
Comme jadis la meîrent bas
    D'Alcide les alarmes:
Troie qu'Achille oncque ne prit,
Ni son ami, qui entreprit

845   Le combat dessous fausses armes,

           Quand sous un Achille masqué
            Aus Grecs bailla la fuite:
           Ou quand Achille revoqué
            Se remeît en la luite,
850   Quand par depit de sa rancoeur   [622-636]
           Tout à la fois reprit son coeur
           R'enfermant la Troienne suite.

           D'être bravement combatus
            Le point tant honorable
855   Nous a sus la fin abatus
            Du malheur imploiable:
           L'Ilion, aprés avoir tant   [17 r°]
           Par dis ans été resistant,
           En une nuit fut perissable.

860   Nous veîmes les dons formulés
            De la pesanteur sombre,
           Et les Grecs dedans recelés
            Nous tirâmes sous l'ombre
           Du don fatal, beaucoup de fois
865   Choppa le grand cheval de bois,
           Qui nous trainoit tout nôtre encombre.

           Nous eûmes las! bien le loisir
            De tenter leur adresse,
           Pour leur donner le déplaisir
870   De leur meme finesse,
           Souvent craqueterent ses os,
           Et le murmure dans enclos
           Avertissoit de la détresse.
            Et Pyrrhe, qui lors frémissant
875   Estoit à peine obeissant   [637–650]
           Au caut Ulisse et sa sagesse.

           Châcun Troien s'assuroit,
           Qui par les cordes tiroit
           La grand masse consacrée:
880   Là l'enfance se récrée
           Avec mêm'agé troppeau,

Du petit Astianeau:
Là la chaste Polixéne [17 v⁰]
Des damoiselles amêne,
885   Qui la viennent honorer:
Et d'autres dons adorer
Les matrones et leurs filles
Les deités de leur ville.
Les vieus peres aus autels
890   Implorent les immortels.
On n'i voit en châque place
Cà, là qu'une même face,
Et (ce que jamais encor
Aprés le tombeau d'Hector
895   Nous ne veîmes) à l'envie
S'est Hécube réjouie.
    Quel sera, dure douleur,
Premier, ou final malheur
Que tu feras larmoiable?
900   Sera ce le mur froissable [651-665]
Dressé par les mains des Dieus,
Et razé davant nos ïeus?
Ou des temples les fumees
Dessus leurs toits allumees?
905   L'heure ne nous suffit pas
A plorer tant de trépas.
Voi, Priam, que tes servantes
Te font ore larmoiantes.
    J'ai veu, j'ai veu l'horrible dard
910   A peine au sang se teindre
Sus le gosier du saint viellard,
    Que Pyrrhe osoit êteindre. [18 r⁰]

CASSANDRE

Cessés, cessés vos larmes, ô Troiennes,
Ces pleurs nous sont en tout tans de saison:
915   Plorés plus-tôt d'une aigre marrisson
Vostre trépas: les infortunes miennes
N'admettent point de second malheureus,
Ostés pour moi ces crîmens douloureus,
Seule à mon mal je mettrai bien raison.

CHOEUR

920 Ce nous est grand plaisir, Cassandre,
De larmes sus larmes épandre:
Ceus là qui leurs soucis celés
Tiennent enclos dedans leur ame,
Sont d'une cuisante flame
925 Dedans leur poitrine brulés: [666–683]
C'est plaisir faire des complaintes
Publiquement de ses amis.
Et bien que toi dure aus atteintes
De la douleur et des ennuis,
930 Ne puisses plorer ta ruine,
Toutesfois d'un pleur d'assés digne
Ne diras les tiens à mort mis.

Le rossignol qui triste plore
Quand sur le verd rameau s'essore
935 Decouppant les accents piteus
De son chant à part solitaire:
Ni cil oiseau, que l'on oit braire
Sus les toits son sort malheureus,
Plorant d'une vois caquetarde [18 v°]
940 L'inceste amour de son mari.
Gémir ne pourroit pas criarde
Dignement l'Ilion peri:
Ni quand voudroit un mourant Cigne
D'Istre ou Tanaïs tres-insigne,
945 Mener son larmoiable cri:

Ni sus les ondes gemissantes
Les Alciones soûpirantes
Leur Ceix, quand s'allans nicher
Temeraires aus eaus tranquilles
950 Couvent dans les vagues mobiles [684–699]
Leur nid branlant sus un rocher:
Ni quand le troppeau de Cybelle
Non-plus-nemoins qu'hommes châtrés,
Triste avec toi sa chair bourelle,
955 Et furieus ses cris irés
De son gosier enroué tire,
Et brimbalant son buis soûpire
D'Atis les trêpas déplorés.

Las! nos pleureus crîmens, Cassandre
960 Relâche aucun ne peuvent prendre:
Car le mal qu'il nous faut porter
Toute patience outre-passe,
Mais pourquoi elle se delace,
Et veut ses aumusses quitter?
965 Je croi alors que la misere
Survient, que l'on doit par priere
Les Dieus favorables tenter. [19 r°]

CASSANDRE

Ja nos maus ont toutes craintes dontées,
Nulles je n'ai prieres presentées
970 Aus Dieus encor, lêquels quand ils voudroint
Cruelizer, lieu de nuire ils n'auroint.
Fortune même a ses forces rompues:
Que me rest'-il? quelles villes rendues?
Quel pere ou seur? Les sepulchres cavés
975 Furent du sang de ma race lavés. [700–714]
Où est allé de la bande freralle
L'heureus troppeau? dans la nef enfernalle.
De l'agé Roi, d'un miserable exces
On dédora les palais lambrissés.
980 Et a-t'on veu de mille mariages,
Fors de Lacéne, autres mille veuvages.
De tant de Rois aus flames destinés,
La mere et pais des Troiens mutinés,
La povre Hecube, ayant l'experience
985 Des nouveaus droits de la grand' prévoiance,
A pris l'horreur d'un monstrueus regard:
Elle a jappé d'un aboi pétillard
Toute enragée apres Troie brulante
Aprés Hector, et la mort violente
990 Du vieil feu Roi, sus soi elle a jettés
Ses cris au but de ses calamités.

CHOEUR

Tout à coup Phoebas fait silence:
Dessus sa face une palleur,
Sus son corps une peur s'élance,
995 Qui lui ternit toute couleur. [19 v°]
Son crin et molle chevelure

Horriblement se dresse en haut:
Son coeur d'un enfermé murmure
Tout batu de sanglos tressaut:
1000 Or ses ïeus inconstans tournoient, [715–728]
Tantôt sont tournés à l'envers,
Qui cruels de rechef flamboient,
Tantôt aus cieus les tient ouvers:
Haussant sa tête outre coûtume
1005 Dêmarche largement ses pas,
Tantôt son ire qui s'allume
Dedans ses flancs veut mettre bas:
Tantôt cête folle Menade
Veut ses parolles retenir,
1010 Qu'elle, par sa fureur malade,
Ne peut malgré soi contenir.

CASSANDRE

Sacrés monts d'Helicon, par l'éguillon épointe
De nouvelle fureur, et hors de moi contrainte,
Où me ravissez vous? Hors Phebus, hors de moi,
1015 Je ne tien maintenant de tes seurs, ni de toi:
Estein les flames or de ma folle poitrine,
Pour qui erré-je folle en mon ire divine?
En mon ivre fureur? l'Ilion est brisé.
Que sert mon fol propos sans étre authorisé?
1020 Où suis-je? Le soleil ces alarmes abhorre:
Et la profonde nuit s'anuitit encore:
L'air mêlément celé dans tenébres nous fuit.
Mais je voi là le jour prévenu, qu'aprés suit [20 r°]
L'oeil jumeau de Phebus: je voi doubles encor
1025 Argos, et des Palais les jumeaus sommets d'or. [729–748]
J'apperçoi le mont Ide: entre les grand's Deesses
Sied l'arbitre pasteur. Vous Roialles hautesses,
Craignés, je le vous dis, ces hommes larcinés,
Par un tel nourrisson vous serés ruinés.
1030 Pourquoi va cête femme, aiant en telle sorte
Dedans sa froide main un coûteau nu qu'ell' porte?
De qui veut elle avoir et la mort et le coeur,
Lacéne d'ornement, Amazone en vigueur,
Portant ce glaive nu? quell'miserable face
1035 Me vient troubler les ïeus? la vengeresse audace
D'un lion Marmoric son desastre évident

Lamente surmonté, qui endure la dent
Dont d'audace l'étraint une pronte lionne.
Ombres de mes amis, pourquoi las! m'arraisonne
1040 Vostre charme, qui suis seule vive aprés vous?
Je te suivrai, mon pere, aprés les murs êcous
De Troie ensevelie: et toi Hector mon frere,
L'appui de l'Ilion, des Grecs la peur austere.
Plus ne sont en état tes antiques honneurs.
1045 Ni des classes en feu tes bras hardis donteurs,
Mais tes membres je voi dehachés, et ta tête
Bossue, encontre val, ainsi qu'on te tempête.
Je te suivrai Troil trop hästivement pront
Contre Achil' temeraire, et toi portant le front
1050 Et le vis incertain, don qu'à la tienne dame   [749–776]
Tu portas Deiphébe. Il plait or à mon ame
De voir l'horrible chien des portes d'Acheron,   [20 v°]
Et du goulu Ditis: aujourd'hui de Caron
La nef engloutira sous les nuits enfernalles
1055 De mon vainqueur et moi les deus ames Roialles.
Vous manes, je vous pri, et vous ensemblément
Onde, des immortels le sacré jurement,
Ouvrés ores le dos des terres annuitées:
Affin que le troppeau des ames irritées
1060 Des Phrigiens confus viennent Micénes voir:
Miserables venés l'horreur appercevoir:
Au rebours aujourd'hui tournent les destinées.
Voici les noires seurs, qui ont leurs foets sanglans forcenées:
Ell's rouent en leur gauche main un à demi brûlé flambeau,
1065 Leur vis étincelle inhumain: leurs flancs sont serrés d'un bandeau
De noires flames tout roussi: et des nuits les fraieurs murmurent:
Des Geans corporus aussi les terreus ossements emmurent
D'iceus les palus entourés: et voici le lassé vieillard
Sus les bords des flots conjurés, qui ne suit le branle raillard
1070 De l'eau, toute soit oubliant fâché des malheurtés futures:
Dardain se gaudit, en riant joieus de telles avantures.

CHOEUR

Ja la fureur à elle même s'ensuit
Et de foiblesse ainsi s'évanouit,
Que le toreau qu'aus autels on sacage
1075 Portant du fer sur ses cornes l'outrage.   [777-794]
Redressés donc ses membres demi-mors

De la fureur. Ceint de lauriers retors
D'Agamemnon a esté visitée:
Et au devant avecque lui portée
1080 S'est Clytemnestre: eus deus d'amour menés
En seure pais sont de là retournés.

[21 rᵒ]

ACTE IIII

AGAMEMNON ET CASSANDRE

En fin sain je revoi de mon païs les Lares:
Dieu gard l'aimé sejour: tant de terres barbares
Te viennent aujourd'hui leurs despouilles offrir.
1085 Troie heureuse lon-tans n'en pouvant plus souffrir,
Des la puissante Asie à toi se rend captive.
Pourquoi cête prophete est sans ordre rêtive
A de tête, et de bras tremblamment chanceler?
Pages, relevez-la, et l'allez consoler
1090 D'eau fraîchement puisée: ell', sa vue mourante,
Déja revient à soi: vien, povre languissante,
Reprendre tes espris, voi les lieus appétez,
Où nous sommes, aprés tant de calamitez:
Il est fête aujourdhui.

CASSANDRE

Jadis fut fête à Troie.

AGAMEMNON

1095 Réverons les autels.

CASSANDRE

Des autels fut la proie
Mon vieil pere Priam.

AGAMEMNON

Vien ores, vien prier
Juppiter avec nous.

CASSANDRE

Hercean Juppiter?

AGAMEMNON

Crois-tu voir l'Ilion?

CASSANDRE

Et Priam tout ensemble.

AGAMEMNON

Ici Troie n'est pas.

CASSANDRE

Là Troie être il me semble

1100 Où Heléne réside.   [795–812]

AGAMEMNON

Ici n'ais puis-aprés
De ta maitresse peur.

CASSANDRE

Ma liberté est prés.

AGAMEMNON

Vi seurement.

CASSANDRE

Ma mort est ma toute asseurance.

AGAMEMNON

Sus toi n'est le peril, ni prochaine l'outrance.

CASSANDRE

Mais sus toi proche ell' est.

AGAMEMNON

Que peut craindre un vainqueur?

CASSANDRE

1105 Ce que pas il ne craint.

AGAMEMNON

Pendant que de son coeur   [21 v°]
La fureur s'en ira, venés-la (troppe amie
De servans) contenir, de peur que sa furie
Témérairement n'erre. O pere foudroiant,
Toi qui dardes l'éclair, et qui est baloians

1110 L'espoisse nue en l'air, Roi des cieus et des terres,
A qui vont trionfans les Rois vainqueurs aus guerres
Leurs butins consacrer. Toi d'Argos florissant,
Sauvegarde Junon, seur du tout unissant,
Je t'immole devot Hécatombes vouees
1115 Sous parfums Arabics, par augure avouees.

LE CHOEUR

O d'Argos fameuse place
Par la trace
De tant de braves guerriers:
Argos de Junon aimée,
1120 Renommée
Par les Ducs tes nourriciers.

Tu fais que des Dieus on nombre
Per le nombre
Qui fut non per au davant:
1125 Par les labeurs de sa dêtre   [813–825]
On veit être
Au ciel Hercul s'élevant.

Pour lequel contre droiture
De nature,
1130 Juppiter doubla la nuit,   [22 rᵒ]
Et feit sêjourner derriere
La carriere
Du char, que Phoebus conduit.

Par lui Phoebe l'argentine
1135 Achemine
Ses moreaus plus lentement:
De l'êtoille alternative
Trop tardive,
On a veu l'advénement.

1140 Qui s'est viron la vêpree
Admiree,
Portant d'Hespere le nom:
Selon sa coûtume encore
Vint l'Aurore
1145 Pour débrunir l'Orizon.

Qui retombante se couche
            Dans la couche
Du gris Titon mari sien:
L'aube et l'occident à dêtre
            Veirent naitre
Le tu-monstre Libien.

[826–837]

Alcid, cête violence
            Son essence
En une nuit ne prit pas,
Enfant qui au ciel se fonde,
            Tout le monde
Se soûtient dessus tes bras.

[22 v°]

Ta main sentit animee
            De Nemee
Le lion cruel êteint:
Et la cerve Parrhasie
            Veit saisie,
De son sang son ventre peint.

Et le volleur des campaignes,
            Et montaignes
D'Arcadie, la sentit:
Quand dedans l'antre secréte
            De la Créte
La vois des boeufs retentit.

Il engarda de renaître
            Par sa dêtre
L'Hydre fécond à sa mort:
Les jumeaus trois freres monstres
            Les rencontres
Sentirent de son effort.

[838–852]

Les troppes furent menees,
            Butinees,
Du face-trois Gerion,
Et davant lui il achasse
            De la Thrace
De troppeaus un million.

[23 r°]

1150

1155

1160

1165

1170

1175

1180

Lêquels le tiran funebre
  Dessus Hebre,
Ni Strimoine ne repeut,
1185 Dont le harnois execrable
  Dans l'êtable
Le sang de ses hôtes beut.

En la fin se veit repaître
  De son maître
1190 Du sang, duquel se souilla:
D'Hippolite traits et trousse,
  Sans récousse
Par force Alcide gapeilla.

  Les Stimphalides vaincues
1195   Dans les nues,
Il feit en bas trebucher.
La plante de nul atteinte
  Fut en crainte
De se sentir ébrancher.

1200 Qui se sentant ja dêtruite,   [853–864a]
  Leva vîte
Tous ses rameaus dédorés,
Quand la bête êtincelante
  Vigilante
1205 Sentit de l'arbre tirés   [23 vº]

  Les fruits qu'emportoit Alcide,
  Dont d'or vuide
Laissa le lubre sejour.
Par toi la garde dontee
1210   Garrotee
Des enfers, veit nôtre jour:

  Ce chien dont la vue hardie
  Estourdie
De la journale clarté,
1215 Qui n'osant faire tempête
  De la tête
Son abboi tint arrêté.

Le mur menteur Dardanide
Par Alcide
1220 Fut puni pour son erreur,
S'êtant veu d'un dard êtraindre,
Duquel craindre
Il deût encor la fureur.

Par toi Troie succombee
1225 Est tombee [865–883]
Par l'espace suspendu
De tant de jours; que d'annees
Forcenees
Contre son fort défendu. [24 r°]

ACTE V

CASSANDRE

1230 Là dedans une horreur se commet execrable,
Egalle à celle-là par dis ans effroiable.
Ah! qu'est-ce, qu'est-ce ici? eveille toi mon coeur,
Pren pris de ta fureur: nous avons le vainqueur
De nous Troiens vaincu. Tu te replantes, Troie,
1235 Cela va bien, qu'estois une guerriere proie,
Le sort des Micénois au tien tu rens pareil.
Ton vainqueur le dos tourne: oncques si bien à l'oeil
Rien ne me proposa mon ardeur prévoiante:
Je le voi, j'assiste, et en suis jouissante:
1240 De ce le faus object mon ame ne seduit.
Voions dans le palais du Roi le mets construit,
Tels mets, et telle fête estoint jadis à Troie.
Voilà le lit paré de l'Iliaque soie:
Aus tasses d'Assarac le bon vin est tâté.
1245 L'Agamemnon pourvus d'un habit moucheté
En majesté Roiall', haut a sa place prise
Portant du bon Priam la depouille conquise:
Sa femme ôter lui veut ses guerriers ornemens:
J'ai horreur de lui voir vêtir ces vêtemens,
1250 Mignardés par la main d'une fidelle femme.   [884-901]
Ce paillard, ce banni, ce comble de diffame
Tu'ra donques un Roi? tombé est le destin.
Ores de son Seigneur le dessert du festin
Boit le sang répandu, au vin le sang se mouille: [24 v°]
1255 Ell' tue son mari, qu'ell' traitrement dépouille,
Il n'a dans cêt habit l'êtente de ses mains,
Esblouis sont ses ieus dans ces lacs inhumains:
Ce mi-homme tramblant les côtes lui traverse
D'un bras mal asseuré, au travers ne le perce,
1260 Et au milieu du coup stupide se reprent.
  Mais lui, il se debat comme un sanglier qu'on prent
Tout hubi aus forêts, des lacs et larges tentes
S'efforçant de sortir d'escousses violentes,
Plus il se renvelope, et en vain furieus
1265 Tâche à rompre l'erreur du fil injurieus,
Dedans lequel enclos charche son aversaire.
  La Tindaride iree arme sa main contraire,

Qui ça là balançant de sa parjure main
Le coûteau tu-mari, d'un regard inhumain
1270 Flamboie, ainsi que fait celui-là qui regarde
Le jour du ciel facile, avant qu'il se hasarde
D'assommer aus autels le boeuf ou le toreau.
　　C'est fait, il a le coup: qu'au côté de la peau
Sa tête ne tient plus horriblement tranchee,
1275 Des ruisseaus de son sang l'âpresse est dêtanchee,   [902–920]
Ici sa force est morte, et ses deus ieus rêtifs
S'obscurcissent, encor ne l'abandonnent ils.
Cêtui-là frappe encor sa face dêja morte,
Et lui meurtrit le corps: au meurtre le supporte
1280 Cête bourelle femme à ce meurtre mêchant,
Cêtui n'est nullement à cêt autre empêchant.
C'est le fils à Thieste, avec la seur d'Heleine:
Voilà, Titan s'arrête en la cieline plaine,   [25 r°]
Son jour tout obscurci, douteus de maintenir
1285 Son cours, ou le dêtour de Thieste tenir.

ELECTRE

Va-t'en, ô seul appui de la mort de ton pere,
Va-t'en, de ces perils évite l'impropere:
Ta maison est perdu, et le sceptre dêtruite.
Mais qui est cêtui-là, qui traine d'un tel bruit
1290 Ce vite chariot? Cousin, je veus ma face
De tes habits masquer: quel ennemi déplace
Mon esprit desolé? veux-je eviter si tôt
Un étrange ennemi? le familier plutôt
M'est plus à redouter: ne crain plus, miserable,
1295 D'Oreste j'aperçoi l'amitié secourable.

STROPHIL ET ELECTRE

Phocide abandonnant, j'arrive de nouveau,
Moi Strophil, renommé par l'Elean rameau:
La raison a esté de la mienne arrivée,
Pour voir le mien ami, dont la dêtre éprouvée
1300 Epié par dis ans a l'Ilion brulé.   [921–940]
Quelle est cête, qui a de pleurs tout maculé
Son visage funebre, et sa pleureuse grace?
A, je connoi le sang de la Roialle race:
Electre, de tes pleurs quelle gaie raison
1305 Est venue à la court?

ELECTRE

La mortelle traison
De ma mere a tranché de mon pere la teste,
Et telle mort au fils qu'au pere l'on aprête:
Aegiste a le palais par adultere acquis.   [25 v°]

STROPHIL

O qu'un heur n'est jamais pour un lon-tans exquis!

ELECTRE

1310 Je te pri et par toi, et par celle mémoire
Que tu as de mon pere, et par l'antique gloire
De son sceptre connu, par l'inconstant destin,
Pren cêt Oreste, et cache un tant humain larcin.

STROPHIL

Combien qu'Agamemnon montre un cas temeraire
1315 A craindre, toutesfois j'entrepren volontaire
Te larciner, Oreste: amis felicité,
Et amis aussi bien requiert l'adversité.
Appen dessus ton front de l'exerceuse joute
L'enseigne et noble marque: à ta fenêtre ajoute
1320 Ces ramelets vainqueurs: ombrage se feront
De leurs replis fueillus: finallement le ront
De rameau Pisean soit et couverture,
Et d'un grand heur ensemble un favorable augure.
Toi qui ores me suis à cheval prés de moi,
1325 Apren, Pilade, apren de ton pere la foi.   [941–960]
Fuiés, chevaus legers de bondissante apresse,
Ce parjure païs, davant toute la Gréce.

ELECTRE

Voilà, il est parti, et d'un cours vehement
Il évite le meurtre. Or je peus seurement
1330 Mes traitres sacager: j'irai d'un plein courage
M'opposer aus coûteaus de leur dépite rage.
Voici de son mari la meurtriere putain:
J'en voi saigneus encor ses habits et sa main
Encore toute moite est de la plaie récente:
1335 De soi ne montre rien sa face truculente,

Que toute malheurté. D'ici je veus partir,
Pour aus temples aller: endure moi vêtir   [26 r°]
Ton aumusse prêtrale avecque toi, Cassandre:
Je crain qu'un sort pareil ne te vienne surprendre.

CLYTEMNESTRE, ELECTRE, AEGISTE ET CASSANDRE

1340 Malheureuse éhontée, à tes meilleurs parens
Folle garse ennemie, à quels propos aus rens
Des hommes t'es-tu, vierge, en public exposée?

ELECTRE

J'ai, chaste, la maison d'une putain laissée.

CLYTEMNESTRE

Qui te croira pudique?

ELECTRE

Engendrée de toi?

CLYTEMNESTRE

1345 Avise de parler plus sagement à moi.

ELECTRE

L'ai-je de toi apris?

CLYTEMNESTRE

Voiés cête éhontée,
Qu'elle a le coeur hautain, d'une fille donnée
L'état tu aprendras par autre châtiment.

ELECTRE

A nous (si je ne faus) propre est le ferrement.

CLYTEMNESTRE

1350 Veus tu égalle à nous comme nous apparoistre?   [961-981]

ELECTRE

A nous! quel peut cêt autre Agamemnon tien être?

CLYTEMNESTRE

A, j'appaiserai bien le caquet arrogant
D'une telle orgueilleuse.

ELECTRE

Envers moi ce pendant
Use d'autre douceur: tu as la vi' ravie,
1355 O veuve, à ton mari.

CLYTEMNESTRE

Va voir en quell' partie
Est mon fils et ton frere.

ELECTRE

Il est ja hors d'ici.

CLYTEMNESTRE

Rebaille moi mon fils.

ELECTRE

Ren moi mon pere aussi.

CLYTEMNESTRE

Où est il donc caché?

ELECTRE

En part assés tranquille
Pour ne craindre le Roi d'une voisine ville:
1360 Tranquille il est assés pour le prudent desir
D'une mere, ains il est en bien lâche loisir
Pour une âpre maratre.

CLYTEMNESTRE

Tu mourras à cêt' heure.   [26 v°]

ELECTRE

Pourveu donc qu'orendroit par cête main je meure,
Des autels je m'absente. Ou s'il te plait noier
1365 Ton coûteau dans mon sang, je te ren le gosier
Franchement: si tu veus ainsi qu'à quelque bête
Mon col decapiter, ma découverte tête
N'attendra que le coup. Le meurtre est achevé,
Dêja ton bras au sang de ton mari lavé,
1370 De rechef dans mon sang ensanglante toi-même.

CLYTEMNESTRE

Compagnon du peril, et de mon diadême
Aegiste, te ris-tu? cête importunément
M'injurie, et son frere a caché traitrement.

AEGISTE

Retien, folle, l'aigreur de ta parolle amére,
1375 Et l'indigne propos d'une fille à sa mére.   [982–1000]

ELECTRE

Encor me reprendra de ce meurtre l'autheur,
De son nom ambigu l'execrable inventeur,
Fils de sa propre seur, et soufils de son pere.

CLYTEMNESTRE

Aegiste, tardes-tu d'un ferrement austere
1380 La tête lui trancher? qu'elle rende à present
Ou son frere, ou sa vie en l'obscur languissant
Sera, d'une prison: qu'ell' i passe son age,
Sentant de cent tourmens le gruge-corps outrage.
Possible elle rendra celui qu'ell' a caché,
1385 Voiant son corps de peine, et travail écaché,
De faim, de soif, de crasse: haie, et exilée,
Et veûve avant sa noce, ains de tels maus pillée
Bien tard n'obêira dedans l'air tout confus.

ELECTRE

Permets moi de mourir.

CLYTEMNESTRE

Si en faisois refus,
1390 Je te le permettroi: trop cruel est quiconques   [27 rᵒ]
Le tiran, qui par mort se voulut venger onques.

ELECTRE

Est-il donc quelque cas plus âpre que mourir?

CLYTEMNESTRE

Le vivre à cétui-là, qui desire perir.
Pages, prenés ce monstre, et qu'ell' me soit jettée
1395 Hors ce pais ici, qu'elle soit garottée,
Et qu'elle me soit mis hors Micénes bien loin
Dans le lubre détroit de quelque nuiteus coin,
Affin que la prison donte cête arrogante,
Et que cête-ci paie à cêt'heure presente
1400 L'enchére de son chef: l'épouse et serve aussi   [1001–1012]
Captive de son Roi: qu'on me l'attraine ici,
Pour l'envoier aprés mon feu épous Atride.

CASSANDRE

Qu'on ne me traine point: les marches de ma guide
Je devancerai bien, je me veus avancer
1405 D'aller à mes Troiens la premiere annoncer
L'Ocean tout rempli de naus écartélées,
Et Micénes ravie: et qu'aprés les mêlées
Des Pergames dêtruits le Roi de tant de Rois
Comme il feît mourir Troie, est mort à cête fois
1410 Par la fraude, et courrous d'une adultere femme.
Je ne retarde en rien, séparés moi mon ame.
Or je me rêjoui d'avoir tant survêcu
Jusqu'ici aprés Troie, et Pilion vaincu.

CLYTEMNESTRE

Meur donc, meur maintenant, furieuse rebelle.

CASSANDRE

1415 Et sus vous quelque-fois la fureur viendra telle.

FIN

Nullum est iam dictum, quod non dictum sit prius.
Terent

NOTES SUR LE TEXTE

PERSONNAGES Pour 'Thyeste', il faut comprendre 'l'Ombre de Thieste'. Quant au prétendu 'chœur des Grecs', il y a une certaine confusion ici, générale dans les éditions du XVIe siècle: la distinction à établir doit l'être entre le chœur mycénien ou argolien (figurant aux actes II et IV; celui du premier acte n'est pas spécifié) d'une part, et, de l'autre, le chœur des Troyennes (du troisième acte, bien que bon nombre de ses vers, surtout à partir du v. 963, puissent appartenir à un chœur non spécifié).

v. 16	Il y a une certaine déformation du texte latin, où ce contraste n'existe pas.
v. 18	Cerbère. Toutain explicite un peu longuement ici 'nigris ... iubis' (v. 14).
v. 22	Sisyphe.
v. 24	Tityos. Il est probable que Toutain pense ici au *locus classicus* pour ce mythe, Virgile, *Enéide* VI, 597 et suiv. (voir Tarrant, pp. 169–170, notes pour le v. 18), bien que, comme cela se passe généralement à son époque, dans le mythe de Prométhée aussi, il mette 'poumon' au lieu de 'foie'.
v. 28	Tantale, puni, on le sait, pour avoir donné son fils Pélops, père de Thyeste, à manger aux dieux — Toutain traduit mal ici, non parce qu'il explicite Sénèque, qui ne parle que des 'cælitum dapibus' (v. 21), mais parce qu'il ne s'agit que d'un seul enfant, et que par la suite un contraste est établi entre ce crime et celui de Thyeste lui-même, coupable d'avoir mangé trois enfants. Il semble, d'après sa traduction, aux vv. 29–30, du v. 22 de Sénèque ('sed ille nostræ pars quota est culpæ senex?') que Toutain a mal compris ce qui se passe ici au point d'en offrir une traduction presque inintelligible. Il faut comprendre: 'mais combien petit est son crime à lui par comparaison avec le mien!'.
v. 31	Minos. Le vers suivant, allusion à Charon, est un ajout de Toutain.
v. 33	Ici Toutain omet le début du v. 26 de Sénèque, 'a fratre vincar', qui pose en effet d'importants problèmes d'interprétation (le sens serait: 'mais est-ce que mon frère me vaincra, moi qui ai mangé ...?').
v. 41	Traduction peu satisfaisante d'un vers sans doute problématique (voir Tarrant, p. 174, n. au v. 31).
v. 58	D'ici jusqu'au v. 66 la traduction est assez libre.
v. 72	Vers obscur (le texte latin est des plus elliptiques: 'respice ad matrem: decet', v. 52) — il faut comprendre: 'si tu considères bien qui est ta mère, tu verras que cet acte criminel te sied'.

v. 78	Conclusion plus chaleureuse que chez Sénèque (v. 56: 'Phœbum moramur? redde iam mundo diem').
LE CHŒUR	Ce premier chœur est une traduction plutôt libre, surtout dans sa première moitié, où Toutain semble vouloir souligner encore plus que Sénèque même la toute-puissance de la Fortune. Tout ce qui suit aurait été parfaitement familier aux hommes de l'époque tout imbus de la pensée horatienne, la notion plus précisément stoïcienne de la Fortune ne paraissant pas ici (cf. plus loin le chœur des Troyennes).
v. 105	Toutain ne tente pas de traduire ici le parallélisme sénéquien (vv. 72-73) 'metui cupiunt/metuique timent'.
v. 138	assenés: frappés.
v. 175	Le texte de Sénèque porte 'Phasiaca fugiens regna Thessalica trabe' (v. 120); sans doute le vers peut-il se lire de deux façons, mais si Toutain avait connu les détails du mythe de Médée, dont il est question ici, il aurait transposé 'Thessalien' et 'Phasienne'.
v. 177	Pour 'socio' (v. 122), c'est-à-dire Egisthe.
v. 181	Toutain traduit comme il faut le 'sors ista fecit' du texte latin qu'il utilise, mais la leçon reçue aujourd'hui met 'soror ista fecit' (v. 124), c'est-à-dire '(Hélène) a fait de ces choses-là'.
v. 186	marisson: grand chagrin.
v. 195	En fait 'mêlée d'angoisse' ('mixtus dolori ... timor', v. 133) — elle craint la vengeance de son mari.
v. 197	Elle est jalouse de Cassandre.
v. 207	'Omisi regimen' (v. 141): 'j'ai laissé tomber le gouvernail'.
v. 208	Le texte latin porte en fait 'ira, ... dolor, ... spes' (v. 142).
v. 221	'ce qu'il en craint', c'est-à-dire la punition.
v. 228	D'Iphigénie.
v. 230	Ellipse sénéquienne ('præstitit matri fidem?', v. 159); il faut comprendre: 'vu les mensonges d'Agamemnon à l'égard d'Iphigénie et d'Achille, peut-on dire qu'il ait témoigné beaucoup de bonne foi à une mère?'.
v. 235	coronal: couronnement.
v. 236	'il' = Agamemnon. Ce vers et les deux suivants sont traduits très librement; il faut entendre: 'je revois en mémoire les noces de ma fille, que lui a rendu dignes de la maison de Pélops'.
v. 247	Vers aujourd'hui attribué, en général, à Clytemnestre, avec le sens 'mais, selon vous ...' (v. 171).
v. 255	C'est-à-dire sa fille, Chryséis.
v. 257	Fausse traduction: dans le texte c'est Achille lui-même qui est 'indomitus minis' (v. 178).

52

v. 259	Il s'agit de Calchas: Agamemnon le croit quand il est question de sacrifier sa propre fille, mais non quand il exige que le roi rende Briseïs (ellipse sénéquienne).
v. 271	Cassandre.
v. 280	On lit dans le texte de 1557: 'Te peut cête tarder ...'; le texte latin porte 'an te morantur virgines viduæ domi ...?' (v. 195). Notre correction d'un texte probablement corrompu efface pourtant la césure.
v. 300	'melior Aiax' (v. 210), Ajax fils de Télamon plutôt que le fils d'Oïlée.
v. 308	Traduction incolore des vv. 217–218 de Sénèque.
v. 318	Déformation du texte latin où on lit: 'et tota captæ fata Dardaniæ domus/regesta Danais' (vv. 223–224), c'est-à-dire que la nourrice demande à sa maîtresse ici comme avant de se figurer le destin de la maison captive de Troie s'abattant sur la Grèce.
vv. 329–330	Traduction du v. 233 attribué aujourd'hui à Egisthe: la majeure partie du v. 330 est une grosse cheville.
v. 333	'Et ton valeureus pere': le texte du XVIe siècle (comme le fait souvent celui d'aujourd'hui) porte en effet 'ac fortes pater' plutôt que 'at ...', mais Toutain a quand même mal vu l'ironie sénéquienne — que fait le père de Clytemnestre dans cette galère?
vv. 344–350	Traduction par trop éloignée du texte: chez Sénèque c'est à Clytemnestre que sont posées les deux questions initiales, et les banalités sur la Fortune qui suivent concernent très directement Agamemnon lui-même.
v. 359	Cassandre, prophétesse d'Apollon.
vv. 371–375	Vers quelque peu obscurs. Il faut entendre qu'il y a une loi pour les trônes et une autre pour le lit privé. Au v. 373 on s'attendrait à 'plus austere sentence' ou peut-être à 'contre lui même austere ...'. Au v. 375 enfin 'son' se rapporte à 'lâche courage'.
v. 379	Le texte latin (vv. 268–269) prend un tour interrogatif ici — en réalité Egisthe demande à Clytemnestre si les droits royaux lui sont inconnus ou tout nouveaux ('ignota ... aut nova?').
vv. 383–388	Il semble que le texte latin soit corrompu ici: tout ceci est rapporté à Agamemnon (v. 273 et suiv.), tandis qu'il est plus probable que ce doit être rapporté à Ménélas (voir Tarrant, pp. 222–223).
395–400	Traduction des plus libres : 'on ... commise' ne correspond à rien dans le latin, tandis que le v. 400 devrait être une affirmation ('tu trompes') et non un impératif.
v. 406	's'abandonner': dans le sens de 's'épanouir'.
vv. 431–436	A moins que nous ne comprenions mal les paroles de Clytemnestre, Toutain semble en avoir faussé le sens: Clytemnestre ordonne à

Ægisthe de la quitter pour que la raison règne, là où, dans le texte latin, elle lui ordonne de l'accompagner ('secede mecum potius', v. 308) pour qu'ils élaborent leurs projets mutuels (il est vrai qu'il s'agit d'un très brusque revirement chez Clytemnestre).

v. 438   annuit: jusqu'à la nuit.

vv. 444–446   Traduction incolore et tronquée des vv. 316–321 de Sénèque: 'tu quoque nostros, Thebais hospes,/comitare choros,/quæque Erasini gelidos fontes,/quæque Eurotan,/quæque virenti tacitum ripa/bibis Ismenon'.

vv. 510–520   De tous les développements de cette fable de l'île flottante de Délos, il n'y a que celui de Sénèque, semble-t-il, qui attribue à Diane sa stabilisation.

v. 521   Des enfants (Atrée et Thyeste) de la femme de Tantale, Niobé.

v. 530   De Phébus et de Phébée (c'est-à-dire Diane).

vv. 552–553   Même formulée comme exclamation, cette remarque paraît bizarre! Le texte latin (vv. 398a–399a) veut dire: 'où s'attarde mon mari que j'ai cherché pendant dix ans'.

v. 557   Vers aujourd'hui attribué à Clytemnestre.

v. 559   En fait, son beau-frère, 'coniugis frater mei' (v. 404a), c'est-à-dire Ménélas.

v. 570   Litote de la part de Toutain: Sénèque écrit 'exiguas ... lacerasque ... rates' (vv. 412a–413a).

v. 612   Le char d'Achille, bien entendu, mais le texte latin, 'Hectoris fortis minas/currusque' (vv. 446–447) est également ambigu.

v. 614   Toutain a probablement mal lu le texte latin qui porte normalement 'Herceum Iovem' (v. 448) plutôt que 'Herculeum', bien que cette variante soit reconnue (voir notre introduction, p. XIII). Le sang dont il est question ici est celui de Priam (voir plus loin, vv. 974–975 et la note).

v. 615   Toutain se trompe ici: 'Tyrrhenus ... piscis' (v. 451) veut dire le dauphin, allusion aux matelots tyrrhéniens (ou phéniciens) transformés en dauphins par Bacchus (voir, p.ex., Ovide, *Métam.* III, 557–700). Le 'Thyrréne' indique généralement la Mer Toscane ou Thyrénienne.

v. 657   Toutain a lu 'Indas' pour 'undas' (v. 482). Sa description du soulèvement des vents est assez lourde, mais le texte latin lui-même n'est pas très facile.

v. 659   'Les regnes Nabathées': l'Arabie pétrée.

vv. 665–666   Toutain traduit ainsi, avec une certaine invraisemblance vu le contexte, 'vento resistit æstus et ventus retro/æstum resoluit' (vv. 488-489).

v. 683   La dixième vague est censée la plus destructrice.

vv. 702–704	Par cette traduction (s'agit-il d'un hellénisme?) Toutain perd complètement le contraste cherché par le latin: ceux qui n'ont rien fait de brave ont passé la mer en sûreté, ces vaillants hommes y périront. Il est difficile de dire pourquoi il traduit 'ferent' (variante de 'ferunt', v. 517) par 'engloutiront'.
v. 705	Toutain traduit 'pudenda mors est', variante commune aux éditions latines de l'époque, là où aujourd'hui on lit 'perdenda mors est?' (v. 519).
v. 712	C'est-à-dire les Troyens.
v. 721	Le bouclier de Minerve était orné de la tête de la Gorgone (Méduse) qui lui avait été donnée par Persée.
v. 723	Ajax le mineur, fils d'Oïlée.
v. 747	'quid si ipse mittat?' — même si Jupiter lui-même s'armait (de son foudre je n'en aurais pas crainte).
v. 764	'les deux mers': l'Ionienne et l'Egéenne, mentionnées (presque) nommément par Sénèque (v. 565). Aux vv. 762–763 Toutain déforme un peu le texte latin, où on lit 'Pelopis ... oras' (v. 563).
v. 765	La 'malheurté fameuse', allusion au massacre, par les femmes de Lemnos, de tous leurs compatriotes mâles — anticipation du meurtre d'Agamemnon?
vv. 767–772	Le père de Palamède, Nauplius, roi d'Euboée, prend ainsi sa revanche sur les Grecs qui avaient mis son fils à mort à la suite des fausses plaintes portées contre lui par Ulysse.
vv. 778–779	Traduction très lourde (incompréhensible?) de 'iam timent terram rates/voluntque maria' — texte d'époque (vv. 575–576), comme, dans la plupart des éditions du XVIe siècle, le 'luctum' (traduit par 'pleurs') plutôt que le 'lucem' reçu aujourd'hui (v. 576).
v. 780	C'est-à-dire: réparation étant ainsi faite. Toutain traduit encore une fois le texte usuel de l'époque, 'postquam litatum est' là où on lit de nos jours 'postquam litatum est Ilio' (v. 577).
v. 808	Celle grand pais = cette grande paix.
v. 835	cable: support, poutre.
vv. 844–847	Patroclus.
v. 850	Contre Agamemnon.
vv. 933–936	Sautant le v. 672 de Sénèque, qui fait référence précise à Itys et donc identifie ce rossignol à Procné (ou à Philomèle — les opinions sont partagées), Toutain confond ici la légende de la tourterelle veuve sur la branche morte et celle du rossignol sur la branche verte (en fait le latin porte 'verno ... ramo' (vv. 670–671) et non le 'virido ... ramo' que la traduction nous ferait attendre); le 'rossignol ... sur le verd rameau' n'a nullement besoin de 'pleurer tristement' — au contraire (voir notre article 'Sources et fortunes d'une

image: 'sur l'arbre sec la veufve tourterelle' ', *BHR*, XLVIII (1986), pp. 735–750, et surtout la p. 747 et la n. 72).

vv. 937–940   La traduction indique clairement qu'il s'agit ici de Procné se plaignant de l'"inceste amour' de *son* mari Térée; en fait dans le latin il semble plus probable que c'est Philomèle, la violée, transformée en hirondelle, qui se plaint de l'action *du* mari — voir note précédente, et Tarrant, pp. 297–299, notes pour les v. 670 et suiv.

vv. 943–945   Il s'agit probablement de Cycnus, métamorphosé en cygne alors qu'il célébrait le deuil de Phaéton (cf. p. ex. Ovide, *Métam.*, II 367 et suiv.).

vv. 946–951   Céyx, mort naufragé, fut sans cesse pleuré par sa femme Alcyoné: tous les deux furent finalement transformés en martin-pêcheurs.

vv. 952–958   Les fidèles de Cybèle pleurent toujours Atys. Ici Toutain omet le v. 688 du texte latin et son allusion aux tours de Cybèle, et traduit, pour le v. 689, non le texte usuel 'pectora rauco concitat buxo' mais celui des éditions contemporaines, 'pectore ... buxum'.

vv. 974–975   Le frère de Cassandre, Politès, et son père, Priam, furent abattus à l'autel de Jupiter hercéen, alors que Polixène fut tuée sur le tombeau d'Achille.

v. 986   Allusion à la transformation d'Hécube en chien. Aux vv. 984–985 la traduction de 'Hecuba fatorum novas/experta leges' (vv. 706–707) laisse beaucoup à désirer, même avec notre correction.

v. 1029   Allusion, plutôt inattendue, à Egisthe.

v. 1030   Cassandre prévoit l'acte de Clytemnestre.

v. 1036   Marmoric: africain.

vv. 1049–1051   En fait, ce 'vis incertain' (=difficile à reconnaître) de Déiphobus, frère de Cassandre, est le 'don' de sa dame, Hélène, qui l'avait trahi auprès des Grecs. Peut-être Toutain a-t-il voulu écrire 'don que la tienne dame/Te porta'.

vv. 1062–1063   Une note marginale dans l'édition de 1557 porte: 'Vers de seize'.

vv. 1067–1068   Allusion des plus obscures, et peut-être ne faut-il y voir qu'un simple élément macabre de la vision d'enfer de Cassandre. Le 'lassé vieillard' est Tantale.

v. 1070   'Malheurtés futures' dont la principale sera la mort d'Agamemnon, arrière-petit-fils de Tantale.

vv. 1077–1078   Toutain traduit, mais assez lourdement (il faut entendre que Clytemnestre a été 'visitée' par Agamemnon 'ceint de lauriers'), 'entheos tandem suos/victrice lauru cinctus Agamemnon adit' (vv. 778–779), plutôt que le texte accepté aujourd'hui, 'en deos ...'.

vv. 1087–1088   Sic. Il faut comprendre: pourquoi est-elle à chanceler ...

v. 1097   'Hercean Juppiter': parce que Priam fut abattu à son autel.

v. 1100   Il faut comprendre 'où *une* Hélène réside' — Hélène n'était pas

	alors en Grèce, et Cassandre fait allusion à Clytemnestre, une autre femme cruelle et adultère.
v. 1106	La fureur prophétique, don d'Apollon.
vv. 1122–1127	Avec le consentement de Junon, Hercule fut déifié après l'exécution de ses douze labeurs, et prit place aux rangs des dieux de second ordre, Mars, Bellone et Victoire, pour en faire un nombre pair.
v. 1128	'Pour lequel': pour son engendrement.
v. 1136	'moreaus': espèce de chevaux.
vv. 1137–1142	L'"ëtoille alternative' c'est celle qui porte tantôt le nom de Lucifer, tantôt celui d'Hespérus, selon que l'on la voit le matin ou le soir.
vv. 1156–1157	Toutain traduit moins qu'heureusement 'tibi concitatus substitit mundus' (v. 827) — 'pour toi l'univers tournoyant s'arrêta'. Par la suite Sénèque énumère, dans le désordre, les douze labeurs d'Hercule, moins un (le nettoyage des écuries d'Augias).
vv. 1164–1166	Le sanglier érymanthéen.
vv. 1167–1169	Toutain ne semble pas voir ('des bœufs') qu'il s'agit du Minotaure ('taurus … horridus', vv. 833–834).
vv. 1179–1190	Les chevaux androphages de Diomède, tyran de Thrace, qui fut enfin livré en proie à ses propres bêtes par Hercule.
vv. 1191–1193	La ceinture d'or; gapeilla: éparpilla.
vv. 1197–1208	Le pommier d'or, gardé par un dragon.
vv. 1209–1217	Cerbère.
vv. 1218–1220	A l'époque de Laomédon.
vv. 1221–1229	Les flèches d'Hercule lancées par Philoctète contribuèrent à la chute finale de Troie (la traduction 's'êtant veu' obscurcit le fait qu'il s'agit ici de deux époques différentes de l'histoire de Troie).
vv. 1230 et suiv.	Il semble probable qu'ici Cassandre relate une vision de ce qui se passe à l'intérieur du palais, plus qu'elle n'en donne un témoignage direct.
vv. 1251–1252	Egisthe.
v. 1255	Toutain essaie une traduction à tout hasard des vv. 887–888, 'mortifera vinctum perfide tradit neci/induta vestis'.
v. 1267	'La Tindaride': Clytemnestre.
v. 1271	Traduction plus que libre de 'designat oculis' (v. 899).
vv. 1276–1277	Même remarque: il traduit 'illic ora cum fremitu iacent' (v. 903).
vv. 1283–1285	C'est-à-dire Titan, ou le soleil, se demande s'il lui faut rebrousser chemin, comme à l'occasion du banquet de Thyeste.
v. 1286	Electre s'adresse à son petit frère Oreste.
vv. 1304–1305	Sens possible de 'fletus [ou 'luctus'] causa quæ læta in domo est' (v. 924) mais quand même improbable, 'læta' se rapportant à 'domo' plutôt qu'à 'causa'.

v. 1312	'inconstant destin': la réplique de Strophil nous aide à comprendre que s'il ne se sauve pas tout de suite le destin d'Agamemnon pourra bien être aussi le sien.
v. 1325	La loyauté proverbiale de Pylade reçoit ici une explication nouvelle.
vv. 1352–1356	De nos jours, les paroles d'Electre 'tu ... mari' se trouveraient à la suite du v. 1351, tandis que les paroles de Clytemnestre 'Va ...frere' se situeraient immédiatement après 'orgueilleuse' (tout ceci formant les vv. 963–966 de Sénèque, que Toutain traduit dans l'ordre des éditions contemporaines: 964–965, 963, 965–966 – les paroles d'Electre 'Envers ... douceur' ne correspondent à rien dans le texte latin).
vv. 1361–1362	'il est ... maratre': traduction de 'at iratæ parum' (v. 970), texte d'époque encore retenu parfois aujourd'hui, comme l'est son attribution à Clytemnestre.
v. 1372	'Ægiste, te ris-tu?' — en effet, là où on lit de nos jours 'Ægisthe gradere' (v. 979), les éditions de l'époque portaient 'Ægisthe, gaudes?'.
v. 1381 et suiv.	A partir de 'en l'obscur' et jusqu'à 'cête arrogante' (v. 1398) toutes les paroles de Clytemnestre sont attribuées à Egisthe dans les éditions modernes (vv. 988–1000).
v. 1399	Cassandre.
v. 1415	Allusion à la 'fureur' ou folie d'Oreste, qui reviendra plus tard, comme on sait, pour abattre et Clytemnestre et Egisthe.
	La citation 'métagraphique' de Térence, très appropriée ici, vient de *L'Eunuque*, v. 41.

APPENDICE I

PIECES LIMINAIRES ET POST-LIMINAIRES DE L'*AGAMEMNON*

1.

Extraict des registres de Parlement

La court a permis et permet à Martin le Jeune, libraire et imprimeur en l'université de Paris, de pouvoir imprimer, vendre et distribuer un livre intitulé *La Tragedie d'Agamemnon, avec deus livres de chants de Philosophie & d'Amour, par Charles Toutain.* Défendant à tous autres imprimeurs et libraires d'imprimer icelui livre ne exposer en vente dedans quatre ans prochains venans. Et ce sur peine de confiscation desdits livres, et d'amende arbitraire. Faict le xxviii. Jour d'Aoust, M.D.LVI.

Collation est faicte

Signé, Du Tillet.

2.

LA DEDICACE
[* ij r^o]

A TRESREVEREND

ET ILLUSTRE PRELAT,

MONSEIGNEUR GABRIEL

Le Veneur, Evesque d'Evreus,

Charles Toutain

S.

Tout ainsi (mon Tresréverend Seigneur) qu'avec nostre naissance nous sont en-
gendrées les estincelles de toutes sciences, outre le premier et peculier instinct de
la perfection de nostre nature: aussi doibt tout bon esprit entendre ne lui estre
denié tout divin suject de l'entendement, auquel il doit et peut vacquer, selon que
plus propre il s'i connoist, pour l'alternatif passetemps de son but principal. A
raison dequoi m'estant mis devant les ïeus toute maniere de recreation j'ay peu
estimé celle là qui legérement emporte et pert avec soi son effect, à l'égard de celle,
dont s'ensuit aprés un gentil alechement et plaisir, je ne sçai quel honneur de plus
spatieuse et louable éternité. Or n'i est estude en ce monde qui contente plus la
viveté d'un esprit bien nai que la poësie: de la-[*ij v^o] quelle, Monseigneur, me sentant aucunement éguillonné j'ai volontairement fait quelque relais au severe labeur
de nos Pandectes (1), pour i passer les alternatives heures et Jovines dediées au
relachement et recreation de ceste mienne estude principale. Comme donc j'eusse
consideré en chaque poëme pour le jourd'hui tant de doctes hommes, j'avois déliberé
de n'entreprendre sur leurs premieres inventions: et pour ce faire je m'estois proposé l'Elegie sus l'imitable façon de la Gréque et Latine (2). Laquelle entreprise
aïant quelque fois esperé de publier, j'ay successivement attenté le Tragique theathre
depuis n'aguere familier en France, par l'un des esprits plus admirés (3) de ceste
age. Et ce qui m'a donné plus hardie opinion de publier cête Agamemnonienne, ç'a
esté pour entendre un œuvre tel, à raison de sa rareté et excellence, coutumiere-
ment estre aujourd'hui entre les doctes desiré: Ausquels si je n'ai pensé pouvoir du

---

(1) Toutain était étudiant en droit romain – voir notre introduction, p. VIII.

(2) En effet, avant 1556–1557, l'élégie 'sus l'imitable façon de la Gréque et Latine', à
laquelle du Bellay encourageait déjà en 1549 les poètes nouveaux (*Deffence et Illustration*, II iv), avait été peu pratiquée; mais Toutain, s'il en a écrit, n'en a jamais
publié.

(3) Voir notre introduction, p. XII et la n. 40 — il pense sans doute à Jodelle.

tout satisfaire, aumoins comme marchant des premiers, j'estime les mettre en si bon appetit, qu'aprés plusieurs autres par divers bons espris quelque fois publiées, ils pourront retenir encores de ce premier mets quelque goust, non du tout indigne de leur avoir autrefois esté presenté le premier. J'ai apres discouru par quelques points plus politicz et de plus ardue invention: comme aïant tiré quelques argumens de la philosophie, avec diversité de [*iij r⁰] deus ou trois autres sujects de plus populaire et morale consideration, non toutefois de labeur ou de moindre jugement (4). Ce qui reste de jeunesse sus la fin passera, Monseigneur, sous la candeur de vostre benignité, s'il advenoit autrement que le suject offençast l'austerité de quelques superstitieus Censorins. Le tout finalement reveu, prest et ordonné pour entrer en public, je ne lui ai d'ailleurs invoqué saufconduit plus suffisant, Monseign., que le serein de vôtre benigne grace. A laquelle non autrement j'adresse le premier fruit de mes estudes, que celui-là qui, arrivé d'un estrange païs au sien, n'a jamais contentement s'il apporte quelque cas d'inconnu, qu'il ne l'ait premierement presenté à celui qu'il reconnoist son seigneur et aimé superieur, qui face estime et qui admire son present en sa qualité admirable. Car ce qui m'a donné meilleure hardiesse de les vous dedier, outre l'estime grande de vostre maison de Carrouges (5) (des environs de laquelle, Monseign., il vous plaira me reconnoistre le plus humble et obeissant), ç'a esté principalement la grande estime de vostre vertu et fameus sçavoir, par lequel vous avés merité des vostre jeunesse si tresmeurement sage la dignité, où tant de vertus vous ont justement establi: et de present vous adjugent tresbonne place au banc des plus doctes Prelats de vostre college. Que s'il vous venoit à plaisir me faire entendre que ce peu de [* iij v⁰] commencement vous eust esté agréable, je me promettroi sus moi-mesme tel avantage, qu'au seul clin de vostre commandement je pourroi defier toute rigueur de laborieuse entreprise tant fust elle epineuse et de maniement ingenieus. Outre, Monseigneur, que je me peus assurer, quoi que ce puisse estre, que s'il vous vient à plaisir et à gré, qu'il n'eust peu mieus tomber en autre main quelconque, qu'à l'endroit de celui qui n'a en souhait et admiration que l'excellence des lettres et de la vertu.

[* iij + 1 r⁰]

---

(4) Il s'agit évidemment des *Deux livres de chants* ...
(5) Voir notre introduction, p. VI.

3.

IN CAROLI TUTANI

iuveniles conatus

Multa rogant multi me carmina, do quoque multis:
    Officium nam cui carminis ipse negem?
Si tamen usque novos des vates Gallia, non sat
    Vates laudandis vatibus unus ero.
Quod potero certè, tum plaudam vatibus unus
    Omnibus: et, qua fas, cuique satisfaciam.
Sin aliquis culpet, quod cuncta poëmata laudo:
    Plaudo, non laudo: quid minus esse potest?
Omnibus ingeniis si laus non debita par est:
    Omnibus at plausus debitus ingeniis.
Hunc plausum iuveni tibi nunc Tutane licebit
    Invidus invideat, dum iuvenile tales;
Si calor hic certè moderato fregerit olim
    Se senio, invita laus erit invidia.

Io. Auratus
[*iij + 1 v°]

4.

ARGUMENT DE LA

Tragédie

Thyeste, autrefois le cimetere de ses propres enfans, se voulant venger de quelques injures que lui avoit fait autrefois son cousin Atrée pere d'Agamemnon, se réveille des Enfers: pour venir inviter à la vengeance de telles injures son fils Aegiste, qui hantoit ordinairement avec Clytemnestre tout ce tans pendant que Agamemnon son mari estoit à l'expedition de Troie. A l'occasion duquel hantement, et la longue demeure du Roi, Aegiste se meit facilement en la bonne grace de la Reine, et obtint d'elle ce que la suite de son Amour, et la reponse des Oracles en avoint auparavant prédestiné. Sur ces entrefaites, le Roi son mari arrivé de Troie avec la suite des captifs, captives et de Cassandre, sans être adverti de l'adultere de sa femme, assiste au banquet que lui aprêta Aegiste, lequel avec Clytemnestre avoit attitré une bande de ribaus armés au près de la salle où ils devoint banqueter, afin de prendre et tuer Agamemnon à leur plus d'avantage. Ce qu'ils feirent: car en plein diner le miserable Roi, après tant de perils des guerres et de la mer, fut par sa femme traitrement sacagé avec toute sa garde. Ce que prophétisant Cassandre toute furieuse en la court du palais, fut miserablement avec tous les autres assommée. Voi Homere au 3.4 et 11. livre de l'Ulissée (1): et le même argument ici transferé de l'Agamemnon de Sénéque (2).

[Le texte commence au f° suivant]

---

(1) C'est-à-dire de *l'Odyssée.*
(2) C'est-à-dire de l'édition du texte utilisée par Toutain – voir notre introduction, pp. XIII–XIV.

5.[f° 27 v°]

IAN VAUQUELIN

De la Frênee (1).

J'entens en tous endroits la France retentir
Au réson, que ta vois par ta gentille plume
  Lui fait ore sentir:
Et ore la fureur, qui telle ardeur t'allume,
5 Du tans et de la mort te peut bien guarantir
  Plus-fort que de coutume.
Le vent lon-tans enclos dedans l'ærain retors
D'un fanfare hautain fait sa vois plus aigue,
  Quand il est mis dehors:
10 Tout ainsi la fureur en ta poitrine teuë
Môntre ore dans tes vers les fertiles tresors,
  Dont elle êtoit conceuë.
Mais quand, libre en tes vers, tu chanteras piteus,
Bien que tragic tu sois, de meinte fille tendre
15 Meint TRESPAS amoureus.
Ou plus haut à ton gré tu bruiras autre êclandre,
Et de l'amant vengeur l'êcorchement hideus,
  Que tu ne bruis Cassandre.
Lors du Micenien les navires couvers
20 De l'onde impétueuse à leurs voiles volantes,
  N'embelliront tes vers:
Mais du Prince Normand les grands flotes voguantes
Jusques aus ports Anglais, iron[t] de tons divers
  Tes rimes décorantes
25 Tandis presse ton chef de ce lierin chappeau,
Que le Dieu des fureurs t'a cueilli dessus l'Orne
  Pour son tragic nouveau.   [28 r°]
Et si ton vers un jour ce Duc magnanime orne,
Pour sacrifice auras un bondissant chevreau,
30 Choquetant de la corne.
Mais outre, mon Toutain, vanter tu te peus bien
Que de prodigue main ta doucéte Clorinne
  T'élargira le sien:

---

(1) **Des terza-rima ratées**: on remarque que les deux rimes des vv. 25–30 sont les mêmes,
et que la strophe qui suit ne retient pas la rime centrale de la strophe précédente.

Maintenant ell' tortille une branche myrtine
35   De l'or de son beau chef, pour en orner le tien,
        Mieux qu'une autre Cyprine.
Mais moi qui, jeune encor, dans les forêts caché
Des cerfs aus piés de vent meintes belles ramures
        Aus arbres attaché,
40   Et des sangliers denteus les effroiables hures
Au nom saint de Diane en lieus divers fiché
        Tapissés de verdures,
Sans un chappeau ramé aus coutaus je me voi,
Et l'ardeur du Soleil en mon cerveau distille,
45   Et me met hors de moi.
Mais or toi couronné tousjours puisses dans toi
Sentir, mon cher Toutain, céte fureur gentille,
        Qui m'arrachoit l'émoi.
A dieu Phœbus, à dieu: à dieu pucelles seurs,
50   Couronnés mon Toutain, couronnés le, pucelles,
        De lauriers et de fleurs.
A dieu Phœbus, à dieu: à dieu les seurs jumelles,
Faites que vostre fils suce or de vos mamelles
        Les plus hautes liqueurs.   [fº 28 vº]

6.

JAQ. POLY.

Sus l'Hélicon sacré du troupeau de la France
Un tragique lierre umbragera tes vers,
Mon Toutain, aujourdh'ui que nous rends découvers
Les tragiques malheurs en leur prime apparance.
    Si qu'épandront le los de ta docte eloquance
Les vagues aus deus bords de Neptune divers,
Et de là plus avant dedans tout l'univers,
Dessira du Ditis la mortelle arrogance.
    Ainsi le premier trait de ton naissant honneur
Orné de ton sçavoir, se fait voir le vainqueur
Du Romain ornement, et de l'Athique gloire:
    Car Pallas t'a soufflé sa divine douceur,
Pour engraver des Dieus et des Rois la fureur
Dessus les saints autels d'eternelle memoire.

7. [fᵒ 80 rᵒ]

CAROLUS TUTANUS

Libro suo (1)

Parve liber valeas, in te tua fama relucet,
 Præcinit adventus gloria nulla tuos:
Nomine cum nostro, minimus tu nasceris idem,
 Ex te, quo fias atque ego pluris, habes.
Tu novus, et novitas fortasse tua eruët illum,
 Qui celebres solos livor edax agitat.
Tu tamen ut virgo es: quæ cum formosior exit,
 Etsi incompta, aliis invidiosa tamen.
Nunc aliter tecum ac alias: tibi cautio multa est:
 Cum fuerit noto vix mihi, multa prius.
Pœnituit quoties nostros concredere lusus!
 Quum prætextus erat duce sodalitium:
Huic novitas tituli, seu vox arriserat illi,
 Iuventumque aliquod quod foret omne suum:
En prior ille aliquis nugas præmittere tentat,
 Cui tu, cui carmen familiare fuit:
Inserere ille suis titulos plagiarius audet,
 Et titulis audax furta aliena suis:
Audet et instat adhuc, te tunc defraudet ut ipsum
 Quo tandem immerito turpis honore tumet.
Interea titulus, liber aut prior editus ille est
 Noster, at hæc nostræ cætera laudis erunt.
Turpe sodalitium! te pande sodalibus omnem,
 I liber, i furtis non agitande meis:
I, repetat quod vivus, habes nihil; omnia Graiis
 Accepta et Latiis omnia, si qua fero.
Hem! Clani faciles ad rasa fluenta Camœnæ,
 Hem! subit et gressus liber ubique pedum:

---

(1) Ces distiques paraissent en fait à la fin même du volume de 1557, mais ils sont d'un intérêt certain pour le lecteur de l'*Agamemnon*.

Mecum erat alterno qui tunc Sylvestria cantu
    Luderet, expastos alliceretque gregues:
Pastorum rixas, cecinit quoque pastor amores,
    Atque aliquid maius iam quoque pastor habet:
O docta irrepsit quoties ad carmina somnus!
    O irretitos ad sua sæpe boves!
Ten'scabris audet seclum conferre poetis
    Insipiens? latitant quæ sua, nonne tuis?   [80 vᵒ]
Quis novit sua si faciant præconia, et iidem
    Ore alio de se hæc ambitiosa canant?
Prodeat in lucem partes ambire priores
    Qui cupit, aut comites nominet ipse suos.
Nos comites nobis, numerum comes auxit Apollo,
    Solus nos comitem quem sequeremur, erat.
A tergo elegêre duces sibi quos voluêre,
    Nam minimi nobis tota ea turba fuit:
Turba putativo quæ audax exultat honore,
    Stultaque livores arguit inde sibi.
Ridiculum! et quid habent cur se erigat invidus illis?
    Ni risum in Phœbus, dixeris invidiam?

APPENDICE II

'Chant de philosophie' V

Toûjours ingratement je vivrois odieus
    Si mes vers ne rendoint les immortelles graces
    Que je doi à toûjours pour trois causes aus Dieus.
Pour m'avoir fait et homme, et capable des traces
5   De la saine raison, et m'avoir les esprits
    Tiré du vil bourbier des brutelles disgraces.
Secondement pour être et natif au pourpris
    Du giron de la France: et non dans la rudesse
    D'autre peuple quelconque étrange et mal apris.
10 Tiercement pour m'i voir parmi la gentillesse
    D'un siecle si divin, et pour être à l'endroit
    Droitement survenu de leur gentille âpresse.
Muse, commence donc le nombre plus adroit
    De si braves esprits, toutesfois innombrables,
15   Pour tous les arranger en un Chant si êtroit.
Chant premierement des hommes honorables
    Ton revérend Prélat, pere plus apparent
    En l'Eglise de Dieu de tous les venerables:
Ja duquel le sçavoir et le courage grand   [52 v°]
20   S'est devot opposé aus erreurs condamnées,
    Par langue et par écript, du peuple irrevérend.
Que ne voi-je déja tant de vertus ornées
    De couleur d'êarlate, ains que ne voi-je encor
    Sus le seige Papal tes grandes terminées?
25 Certes si bien êtait ton merite desor
    Balancé justement, ja lon-tans salutaire
    T'adjuger on devoit malgré toi ce thresor.
Aprés lui je ne doi les personnages taire
    Par lesquels j'ai compris en la civile loi
30   Depuis dis et huit mois le chemin volontaire.
Des doctes, par deça lesquels maintenant j'oi
    Un Sage par-tout sage en facile audience,
    Davant tous aisément prémettre je le doi.
Mais toi, duquel premier j'admire la science,

35   Je doi bien publier, qui as, Docte Chauvin,
            Digne d'un sçavoir grave une brave eloquence.
     Et depuis peu de tans du fameus Duarin,
            Par les plus calmes jours des froidures passées,
            J'oui quatre ou cinque fois le jugement divin.
40   Mais bien que trop je sente heureuse mes pensées,
            Qui peuvent par iceus esperer quelquefois
            De grands contentemens se voir récompensées:
     Ah! je tarde beaucoup, je tarde toutesfois
            Que déja ne vous voit rangés à fantasie,
45   Aussi bien qu'en mon cœur, sus le plat de ma vois:
     Je di vous qui avés l'eloquence saisie,
            Divin de la Ramée, et toi, facond Paschal,
            Que je voi tant ami de la sainte poësie.   [53 rᵒ]
     O que je suis heureus! ô que mon jour natal
50   M'a marqué sus le chef jusqu'ici de mon age
            D'un favorable clin le prime cours fatal!
     C'est à raison de vous que je pren ce courage
            De jour en jour ainsi regratier les Dieus,
            Pour le bien advenir lequel je m'en présage.
55   Lesquels doi-je aprés vous les meilleurs et le mieus
            De suite raconter? sus le bon ou le pire
            Ma Muse n'a égard, ni mon esprit les ïeus.
     Quand quelquefois de vous ma langue veut bien dire,
            Tant une grand ardeur l'attire à vôtre honneur!
60   Des premiers avisés la louange j'attire,
     Sans choisir de plusprés: comme chés d'un seigneur,
            Quand on entre au logis, de celle demoiselle
            Qu'on trouve la premiere on reçoit la faveur.
     Vous autres qui avés par meinte Muse belle
65   Esté tresrenommés, pour aprés i venir
            Comme merite bien vôtre gloire immortelle,
     Davant il me faudroit la plume en main tenir,
            Qui donna la premier aus oreilles de France,
            L'eternelle douceur de son los avenir.
70   Il me faudroit encor de celui l'apparence,
            Duquel a le Choturne et les vers êgarés
            Laissé du reste entier admirable esperance.
     Mais venons à ceus-là qui amis jurés,
            Ou me sont familiers: dont tant et tant j'estime
75   L'amiable connoissance, et les vers honorés.

Je laisse mon Baif, la louange sublime,
    Laquelle des premiers t'a dans la France acquis   [53 v°]
    Le stile dous-coulant de ta sçavante rime.
Depuis bien peu de tans cent fois le Dieus exquis
80   Pour nous être-veus depuis petite espace,
    En la faveur de toi, mon Baif, j'ai requis.
De ceus qui m'ont toûjours continué leur grace,
    C'est raison que du rang Vauquelin le premier,
    Premier depuis lon tans ait la premiere place.
85 Ah! faut-il que la mort te mette le dernier,
    Mon tendre Tahureau, dans ma fraiche memoire,
    Qui fut davant tous eus mon second familier?
Non, non, la mort n'a pas d'une même victoire
    Enlevé tout d'un coup de parmi les vivants
90   L'ornement eternel de ta vivante gloire:
Helas! que je crain bien que tes vers ensuivants,
    Qu'encor on avoit veus de tant de mignardises
    Et tant de gais discords de pasteurs étrivants,
Et tant d'autres amours et belles entreprises,
95   Que je vi quelquefois, avec leur Tahureau
    La nonchalance n'ait dessous sa tombe mises!
Combien je te regrette! ah si! tout-beau, tout-beau:
    Jamais amant ne fut des vertes Elisées,
    Si cêtui-là n'i est à l'endroit le plus beau.
100 Je connu tôt-aprés tes Muses bien prisées,
    Bienveillant Saintemarthe, et de mon Maisonnier
    En tout œuvre heroïque hautement exercées.
Je vi tout à la fois grand œuvre manier
    A la plume des lors que Gréque que Latine
105   Du jeune Chante-Cler trop jeunement ouvrier.
D'un même tans je leu au fond de ta poitrine   [54 r°]
    De tes secrets discours le jugement divin
    Facondement orné d'éloquence divine:
Ainsi en quelque endroit où tu sois, mon Morin,
110   Eloquent et joieus, les tiens te soint fidelles,
    Et des astres le cours te soit toûjours bénin.
Quoi? peus-tu si avant épandre les nouvelles,
    Muse, de tes amis, sans nullement parler
    De celui qu'en ton cœur sans cesse renouvelles?
115 De ton De la Barrouere? ah! tu ne dois celer,
    Si tu as quelque advis, les effects favorables
    Qu'entre nous au besoin tu as veu rêveiller.

Que si, Muse, on te blâme, entre les amiables
    Que tu hantois pour lors, pourquoi tu n'as nommé
120   Quelques-uns qu'on eût dit des tres plus-honorables,
Répon leur que jamais je ne suis enflamé
    A briguer les bons-jours de ceus-la qui oublient
    (Par les propos d'autrui pour trop s'être estimé)
Leurs amis familiers: répon leur qu'ils supplient
125   Au vice de mon cœur, qui n'a jamais souci
    De ceus qui par dédain de moi ne se soucient.
Sus sus que vitement je departe d'ici
    Pour le haut témoigner d'un ami plus honnête,
    Et qui sçait gracieus le reconnaître aussi.
130 Mon Poly, je te fai seulement la requête,
    Que tu m'ais par delà au milieu de ton cœur,
    Comme toûjours par toi j'ai la memoire prête.
Mais qui est cétui-là qui décrit la rancœur,
    Contre la vache Inon, de Junon dépitée,
135   Et d'un vers theatral agace sa rigueur?
C'est Vigneau, ce me semble. Or ailleurs agitée,
    Muse, quitte Poitiers, et t'envole tout droit
    Chés quelques mes amis, sus ton aile eventée:
Cherche moi du Vignier: sçais-tu? en tout endroit
140   Voi le tant en parler, qu'en tout honneste exerce
    Et d'esprit et de corps de cent le plus adroit.
Puis tout incontinent d'une même traverse
    Va me voir du Perroi, si suis-je bien certain
    Que jamais de son cœur la face n'est diverse:
145 Si sçai-je bien qu'encor le voiage lointain
    N'eut oncques le pouvoir d'effacer l'alliance
    Qu'il a fidellement jurée à son Toûtain.
Ce-pendant reconnoi l'amiable acointance
    Du Poi, qui te salue, et d'un même salut
150   Saluë de Blondel l'antique connaissance.
Pour vous tous mon esprit de jour en jour conclut
    La plus-grand' heureté que m'eut jamais peu faire
    Le ciel, qui parmi vous élever me voulut.
Dieu te gard, ville sainte, où le bas exemplaire
155   De mes vers variants je m'en vai publier,
    T'addressant de bien loin mon chemin traversaire,
Je voi déja le cours de Seine replier
    Au nombril de la France, où la gaillarde trope
    De mes premiers compains ne me peut oublier.

160 Je voi des plus aimés de la seur Calliope
  Que j'ai par mes amis connus tout à la fois,
  Avec lesquels Phœbus volontaire m'atrape.
Ça, Pierre de Montfort, celui que je connais
  Et parent et ami, oublions cête absence   [55 r°]
165   Qui nous a séparés depuis vingt et deux mois.
Mais, cousin, que ce soit d'une telle oubliance,
  Qui ait de son oubli têmoignage éternel
  De l'amitié conceue avec nôtre alliance.
Or vraiment j'ai dequoi rendre veu solennel
170   A la bonté des Dieus, puisque j'ai familiere
  La belle eternité de Dorat immortel,
Puisqu'il a d'œil benin veu la lime premiere
  De ma chanson Tragique, et m'a candidement
  Avecque l'autre, assis opinion entiere.
175 Je ne doi par aprés te taire longuement,
  Mon de la Moriciere, ains donner témoignage
  Que dernier te devoi nommer premierement.
Ta grace, ta bonté, ta Muse davantage
  Le commandent assés, et le gai souvenir
180   (S'il t'en souvient encor) de notre beau voiage:
Mais sçais-tu bien pourquoi tu ne te vois venir
  Premier au rang premier? des la premiere entrée
  Au profond de mon cœur je n'ai peu advenir.
Or affin que le Chœur de la bande enombrée
185   Bonnement je finisse, il faut que ta bonté,
  Le Bon mon bon ami, soit ici rencontrée.
Certes en peu de tans telle ta volonté
  Que ton nom je connu, de ton amitié bonne
  Tresbonne je connu la gracieuseté.
190 Ainsi l'on voit souvent qu'à la même personne,
  Ou qu'à quelque autre cas le nom ou le surnom
  Dont on est appellé, convenamment s'adonne:
De la plupart de vous, mes amis, le renom   [55 v°]
  J'ai lon-tans admiré, que ma Muse aspirante
195   Parmi vous essaioit desobscurcir mon nom.
Or puis qu'à raison d'elle une troppe excellente
  De tant de bons esprits m'a causé le desir
  De me sauver un jour de la mort ignorante:
C'est elle maintenant que je doi bien chérir:
200   C'est donc en sa faveur que je rens graces telles
  Aus Dieus qui tant de bien m'ont voulu departir,

De me faire imitant leurs Muses immortelles (1).

---

(1) Entre ce cinquième chant de philosophie, fermant le premier des deux livres, et le premier chant d'amour se situent deux distiques latins de Jean de la Moriciere, cité aux vv. 175–183.

APPENDICE III

Note sur les chœurs

Les trois chœurs isométriques, traduisant les *cantica anapæstica* de Sénèque, gardent une forme quand même très variée. Le chœur du premier acte (vv. 79–156) est construit en sizains de vers octosyllabiques parfaitement réguliers. Le chœur suivant, celui de l'acte II (vv. 437–544), a pour point de départ une structure triadique, suggérée peut-être par l'emploi qu'en avait fait Jodelle qu quatrième act de la *Cléopâtre Captive*, mais d'un rythme très différent: la strophe et l'antistrophe sont des dizains d'heptasyllabes, l'épode (ou, ici, "pause") un huitain d'hexasyllabes. Trois triades complètes plus le début d'une quatrième (deux dizains) débouchent sur quatre alexandrins. Structure défectueuse? Encore une fois, comme dans le premier discours de Cassandre (vv. 913–919, 968–991 et 1063–1071), il semble plutôt que Toutain veuille rendre le subit changement de rythme qui se présente ici dans le texte sénéquien (vv. 408–411). Enfin, le chœur des Troyennes de l'acte III, qui dialogue avec Cassandre et comporte de ce fait interruptions et reprises (vv. 920 et suiv.) (1), adopte presque partout les formes les plus variées du mètre octosyllabique. Il s'ouvre sur trois prétendus "treizains" (dont chacun est en réalité un sizain suivi d'un septain, disposés en bloc de 13 vers), passe par un neuvain (vv. 959–967), avant de reprendre plus loin en quatrains (vv. 992–1011) et de terminer en rimes plates décasyllabiques (vv. 1072–1081).

Les structures hétérométriques (14% du total des vers) se trouvent exclusivement dans le premier chœur des Troyennes (vv. 797–912) et le dernier chœur, celui de l'acte IV (vv. 1116–1229). Le premier se développe d'abord en dix septains, ensuite en un dizain, et enfin (après l'intervention de vers heptasyllabiques) en un quatrain, qui mélangent les vers de huit et de six syllabes. L'autre est construit en sizains, mélanges d'heptasyllabes et de trisyllabes. Encore une fois, Toutain a cherché un "équivalent" français du mètre de Sénèque, ses chœurs hétérométriques ici traduisant ceux, exceptionnellement polymétriques, de la pièce latine (2).

---

(1) En effet, tout ceci se passe à l'acte III dans les éditions du XVIᵉ siècle (voir une note à la p. XXIII), ce qui nous permet d'en parler comme d'un seul chœur — il est vrai que le chœur précédent, avant l'entrée en scène de Cassandre (vv. 797–912) est aussi troyen mais joue un rôle dramatique très différent. Dans son édition, Tarrant ne voit pas dans les vers dont nous parlons ici un chœur proprement dit; il est vrai qu'il s'y trouve une prépondérance de commentaires (vv. 920–932, 959–967, 992–1011, 1072–1081) sur morceaux lyriques (vv. 933–958) mais ces blocs de vers, tout séparés qu'ils sont, ont bien dû paraître à Toutain constituer un 'chœur', malgré le fait qu'à partir au moins du v. 992 il n'est pas du tout nécessaire que le chœur soit troyen, revêtant là le rôle d'observateur (cf. les vv. 541–544).

(2) "In striking contrast to the monotonous anapæsts and glyconics of most Senecan cantica, *Ag[amemnon]* 589–637 and 809–866 ... are composed in an astrophic polymetric

Comme pour les alexandrins, l'alternance des rimes est respectée presque partout dans les vers des chœurs. On relève une seule exception à la règle aux vv. 1000–1003 qui renferment un quatrain de rimes uniquement masculines dans une série de rimes alternées masculines et féminines. Mais Toutain se situe bien dans le sillage du Ronsard des *Odes* quand il ne garde pas l'alternance entre un discours d'acteur et un morceau lyrique (vv. 78–79, 156–157, 796–797 et 1115–1116), ou entre des blocs de vers différenciés en quelque sorte (par exemple, vv. 457–458, 540–541) (3).

* * *

Il sera peut-être utile de récapituler ici ce qui précède et les remarques de notre introduction relatives à la versification sous une forme plus ramassée.

ACTEURS

921 vers, dont 881 alexandrins, 31 décasyllabes (vv. 913–919, 968–991), 9 vers à 16 syllabes (vv. 1063–1071). Sauf pour le septain des vv. 913–919, rimes plates à alternance régulière sauf aux vv. 225–228, 245–248, 355–358, 579–582, 1023–1026.

CHOEURS

494 vers, soit 296 vers isométriques, dont 24 hexasyllabes, 112 heptasyllabes, 146 octosyllabes, 10 décasyllabes et 4 alexandrins, plus 198 vers hétérométriques. On verra la répartition détaillée à la page suivante.

---

form without parallel in extant Latin poetry" (Tarrant, p. 372). Dans le premier cas, l'hétérométrie de Toutain couvre les vv. 656–658 en plus.

(3) Voir P. Laumonier, *Ronsard poète lyrique*, Paris, Hachette, 1923, pp. 651 et suiv.

ACTE	VERS	NOMBRE DE STROPHES OU DE BLOCS DE VERS SUIVIS	NOMBRE DE VERS PAR STROPHE OU PAR BLOC DE VERS SUIVIS	NOMBRE DE SYLLABES PAR VERS	RIME: GENRE ET AGENCEMENT
I	79-156	13	(1-2) 6	8	$ffmf^2\,2f^2m$
II	437-544	12	(1-2) 10	7	$fmfmf^2\,2f^2\,2f^2\,3f2$
			(3) 8	6	$mfmfmf^2\,2f^2\,2f^2\,2$
			(4-5) comme aux strophes	(1-2)	
			(6) comme à la strophe	(3)	
			(7-8) comme aux strophes	(1-2)	
			(9) comme à la strophe	(3)	
			(10-11) comme aux strophes	(1-2)	
			(12) 4	12	$mnff$
III	797-912	13	(1-10) 7	1x8, 1x6, 1x8	$mfmfmf^2\,2f^2f$
			(11) 10	1x8, 1x6, 1x8	$mfmfm\,m^2\,2f^2\,2f^2\,3f\,3f$
			(12) 32	7	$mnff\ldots$
			(13) 4	1x8, 1x6	$mfmf$
III (a)	920-967	4	(1-3) 13	1x8, 1x6	$ffmf^2\,2f^2mf^3\,2f^3\,2f^2\,4f\,4f2$
			(4) 9	8	$ffmf^2\,2f^2mf^3\,3$
III (b)	992-1011	5	(1-2) 4	8	$fmfm$
			(3) 4	8	$mm\,m^2\,2$
			(4-5) comme aux strophes	(1-2)	
III (c)	1072-1081	1	comme aux strophes	10	$mmff\ldots$
IV	1116-1229	19	6	1x7, 1x3, 2x7 1x3, 1x7	$ffmf^2\,2f^2m$

TABLE DES MATIERES

LA TRAGEDIE D'AGAMEMNON

jc